친구의
식탁

일러두기
- 이 책에서 소개하고 있는 요리의 레시피는 2인분을 기준으로 하였습니다.
- 분량 표기 중 1T는 밥숟가락 기준, 1t는 티스푼 기준입니다.

친구의 식탁

맛있는 주말을 만드는 내 친구의 비밀 레시피

김지혜 만들고 씀

앨리스

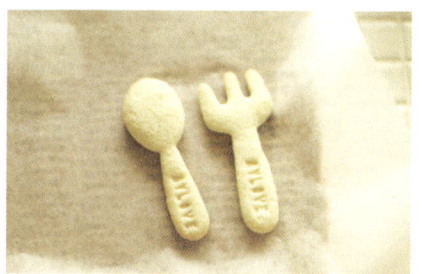

prologue

작은 추억이 담긴
식탁을 만들어보세요

정신없이 시간이 흘러 눈을 떠보니 어느새 그렇게나 기다리던 주말이다. 나는 작은 주방에서 달그락 소리를 내며 무언가를 만들고 있다. 일주일 중 내가 제일 좋아하는 이 시간.
사실 나는 전문적으로 요리를 배운 적도 없고, 누군가에게 가르쳐본 적도 없는 평범한 직장인이다. 주말만을 손꼽아 기다리고, 친구들과의 수다가 세상에서 가장 신나는, 서른을 앞둔 평범한 20대일뿐이다. 그저 식빵 한 장도 정성껏 차려 주말 아침에 먹는 것이 어느 때보다 맛있어서 블로그에 조금씩 올리기 시작했을 뿐인데, 정신 차려 보니 내가 만든 음식으로 가득한 책이 만들어지게 되었다.
이 책에는 나의 작은 추억들이 함께 담겨 있다. 유난히 우울하고 힘이 없던 날, 나를 위해 재료를 아낌없이 넣고 만든 매콤한 특제 마파두부를 텔레비전 앞에서 정신없이 먹던 기억. 매워서 땀을 뻘뻘 흘리며 먹다 보니 일주일의 스트레스도 다 날아가는 것만 같았다. 이왕 먹는 것 제일 좋아하는 예쁜 그릇에 담아 먹자, 하고 아끼던 식기를 꺼냈는데 왠지 위로받는 기분이 들어 마음이 따듯하기까지 했다. 5월의 푸름이 가득한 공원에서 꽃향기를 맡으며 하늘을 보고 먹었던 콜드파스타. 이 싱거운 음식은 뭐냐며 나를 놀리면서도 얼굴에는 연신 웃음이 가득했던 친구와의 추억은 생각만으로도 즐겁다. 여름밤 특유의 향기에 설레어 하며 한강에 앉아 맥주와 함께 먹는 고로케. "너 나중에 꼭 고로케 장사해"라며 엄지손가락을 추켜올리던 친구 덕택에 어깨가 으쓱해지기도 했다. 또 머릿속이 복잡할 땐 오븐을 돌리기도 한다. 계량하고 섞고 굽고 하다가 땡— 하는 소리에 환호하며 오븐 앞으로 달려간다. 신기하게도 그 사이에 복잡했던 머릿속도 깨끗해지는 기분이 든다. 이렇게 나의 식탁은 나를 위로하고, 응원하고, 웃게 하고, 토닥여주었다.

평범한 일상 속의 작은 행복, 나만의 소소한 이야기를 찾고 있다면 직접 요리를 시작해보는 것은 어떨까? 사랑하는 친구들을 위해 만들고, 소중한 가족을 위해 준비하고, 때론 일주일간 수고한 나를 위해 즐거운 식탁을 만들어보자. 직접 만든 당신의 음식에 이야기가 담기고, 추억이 버무려질 것이다.
이 책 속의 레시피들이 누군가의 생일상이 되고, 누군가의 홈 카페 메뉴가 되고, 누군가의 위로의 식탁이 된다면 참 행복할 것 같다.

차례

Prologue 작은 추억이 담긴 식탁을 만들어보세요 _ 004

recipe 1
좋아하는 단골 카페의 아기자기 브런치 레시피

집에서 만드는 카페 브런치 햄버거 스테이크 _ 014
아직도 잊을 수 없는 도쿄의 맛 연어 스테이크 _ 018
카레랑은 엄연히 다르다고요 하야시라이스 런치 _ 022
향기로움이 필요하신가요? 로즈마리 목살구이와 아보카도 샐러드 _ 026
정말 좋아해 딸기 팬케이크 _ 030
술술 넘어가는 아침 토마토 야채 스프 _ 034
샐러드로 시작하는 아침 치킨 샐러드 _ 038
닭튀김이 먹고 싶어요 밀라노 커틀릿 _ 042
보들보들 봄날 같은 우유 푸딩 _ 046

recipe 2
오후만 있는 일요일을 위한
영양만점 간단 레시피

나를 위한 든든한 한 그릇 화이트소스 떡 그라탱 _ 052
짜증이 나는 날에는 매운 게 필요해 마파두부 덮밥 _ 056
이게 바로 홈메이드의 참맛 튜나 에그 샌드위치 _ 060
마지의 비스트로에 초대합니다 미트소스 펜네 파스타 _ 064
일요일 오후 2시 시원한 맥주가 당길 때 야끼소바 _ 068
어설퍼도 맛있어 오므라이스 _ 072
마법의 굴 소스는 못하는 게 없지요 오징어 굴소스 덮밥 _ 076
마음까지 든든해지는 에그 베네딕트 _ 082

recipe 3
봄엔 공원으로 여름엔 바다로
홈파티+피크닉 레시피

그 여름 그 바다를 추억해 스팸 무스비 _ 090
센스 있는 여자라면 보슬보슬 소보로 밥 _ 094
이게 바로 셰프의 맛 아보카도 샌드위치 _ 098
짜잔! 너를 위해 준비 했으 미니 홈파티용 찹 스테이크 _ 104
신나는 피크닉 놀이 닭봉 구이와 새우 홍시 샐러드 _ 108
내가 사랑하는 가을이에요 앨리스 공원의 크림치즈 머핀 _ 114
엄마가 더 좋아하는 인심 좋은 호두 파운드케이크 _ 120
뭐 이런 맛이 다 있어 콜드 파스타 _ 124
미니 돈가스가 그리울 땐 고로케 모듬 도시락 _ 128

recipe 4
누구나 추억의 음식은 하나쯤 있죠
아련한 추억 레시피

어릴 적 최고의 만찬을 추억하며 새우 샌드위치와 파스타 샐러드 _ 134
엄마보다 잘 만드는 나만의 전매특허 김치볶음밥 _ 140
내 인생 최초의 엄마표 브런치 바나나 프렌치 토스트 _ 144
다정한 그 공간이 생각날 땐 야채 카레 _ 148
잊을 수 없는 첫 만남의 추억 들깨 크림소스 파스타 _ 152
카모메 식당의 추억 오니기리 _ 156
내가 좋아하는 반찬 계란말이와 오징어 볶음 _ 160
참치로 만든 건 뭐든 좋아요 스카치 에그 런치 _ 164
언제 먹어도 맛있는 간식 새우 감자 크로켓 _ 168

recipe 5
내 몸은 내가 챙긴다 건강 제일
몸보신 레시피

8월의 건강한 식탁 줄기콩 소고기 야채조림 _ 174
무더위에 지친 나를 위한 셀프 몸보신 장어덮밥 _ 178
여름의 싱싱함을 닮은 가지 스파게티 _ 182
지친 나를 위한 건강한 밥상 소고기 연근밥 _ 186
달콤한 휴가에 제격이에요 매운 카레 갈비찜 _ 192
나 아직 스물아홉이라고요 들깨 영양 떡국 _ 196
맛있게 다이어트 할래요 크림소스 치킨스테이크 _ 200
사소한 관계의 발전 곤드레밥 _ 204

recipe 6

맛있는 점심과 귀여운 오후를 위한 카페 + 잡화점

다정한 공간 카페 히비 _ 210
나무 향기 가득한 카페 나무 사이에 _ 214
따듯한 마음이 묻어나는 그곳 카페 오시정 _ 218
서로의 감성을 나누는 그곳 유즈드 프로젝트 _ 222
다 갖고 싶어요 호시노 앤 쿠키스 _ 226

내 친구의 별책부록 새콤한 만능 재주꾼 피클 만들기 _ 230

recipe 1

좋아하는 단골 카페의 아기자기 브런치 레시피

집에서 만드는 카페 브런치
햄버거 스테이크

단돈 만 원이면 혼자서 몇 번을 해먹고도
남을 양이 나오는 착한 메뉴 햄버거 스테이크.
친한 친구 두세 명 불러놓고
집에서 카페놀이를 해도 참 좋겠다.

나는 카페놀이를 좋아한다. 그것도 무척! 카페 특유의 설레는 분위기를 좋아하고, 그 예쁜 공간 안에서 맛있는 음식을 먹는 것도 좋아하고, 그곳에서 사랑하는 친구들과 도란도란 이야기하는 것도 좋다. 이렇게 카페를 좋아하는 이유는 참으로 여러 가지여서 사람들이 간혹 "마지님은 카페가 왜 좋아요?" 하고 물어 오면 딱히 한 가지로 콕 집어서 대답하기 곤란할 때가 많다. 그래서 궁리에 궁리 끝에 내가 카페를 좋아하는 제1의 이유를 생각해냈다. 그건 바로 "카페에서 먹는 브런치가 좋아서요"이다.

유명 레스토랑처럼 비싸지도 않고, 부담스럽게 차려입은 웨이터나 웨이트리스 대신 서글서글하게 웃으며 맞아주는 주인 언니(혹은 오빠 또는 아저씨)가 있고, 무엇보다 예쁜 공간에서 먹으니 기분이 좋다. 아, 그리고 혼자서 밥을 먹어도 전문 식당만큼 쑥스럽지 않다는 것도 큰 장점!

이렇게 카페 브런치에 빠지게 된 계기를 만들어준 곳은 지금은 유명해진 광화문의 '카페 이마'이다. 처음 친구랑 그곳에 갔던 날, 이마의 대표 메뉴인 와플과 햄버거 스테이크를 먹었다. 그전에는 햄버거 스테이크라고 하면 자연스럽게 '오뚜기 3분 요리'를 떠올렸는데, 이마의 햄버거 스테이크는 달랐다. 계란 프라이가 살포시 얹힌 햄버거 스테이크는 나에게 신선한 충격 그 자체였다. 처음 만나는 신선함이랄까? 촉촉한 패티와 계란을 밥에 얹어 먹으니 너무너무 맛있었다. 그 뒤로 나는 카페나 레스토랑에 가면 햄버거 스테이크를 자주 주문하게 되었고, 특히 계란이 올라간 일본식 햄버거 스테이크가 좋아서 도쿄 여행을 갔을 때도 8월 무더위 속에 땀을 뻘뻘 흘려가며 햄버거 스테이크 전문점을 찾아다닐 정도로 푹 빠져버렸다.

> 한 접시에 넉넉하게 두 장씩 담아내 보세요. 친구들의 '넌 정말 최고!' 하는 기분 좋은 칭찬은 따 놓은 당상입니다!

그러다가 집에서도 이 맛을 낼 수 있을까? 하는 생각이 들었다. 그리고 소고기, 돼지고기, 계란, 버섯 등 야무지게 장을 봐서 열심히 치대고 주물러가며 만들어 보았다. 양도 넉넉하게 나오고 모양도 그럴싸해 만드는 중간까지는 '처음 하는 것치고는 제법이네' 하고 스스로 칭찬도 했고 '오호라, 성공이구나' 하고 쾌재를 부르기도 했다. 그러나 첫 시도에서 성공을 바란 것은 욕심이었나 보다. 고기는 센 불에서 팍팍 구워내야지, 하고 팬에 올렸더니 겉은 다 타버리고 안은 하나도 안 익은 최악의 사태가 벌어졌다. 그때 얼마나 실망을 했던지 '아 요리는 아무나 하는 게 아니구나!' 하고 혼자 좌절 아닌 좌절을 했었다. 하지만 지금은 숙련(!) 끝에 오븐에 살짝 돌리거나, 팬 뚜껑을 덮고 느긋하게 익히면 안까지 충분히 익는다는 간단한 노하우를 알게 되어 나름대로 맛있게 만들 수 있게 되었다.

단돈 만 원이면 혼자서 몇 번을 해먹고도 남을 양이 나오는 착한 메뉴 햄버거 스테이크. 친한 친구 두세 명 불러놓고 집에서 카페놀이를 해도 참 좋겠다. 양송이버섯 송송 썰어서 만든 스테이크 소스를 패티 위에 넉넉히 붓고, 발사믹 드레싱을 얹은 상큼한 샐러드와 갓 지어 김이 모락모락 나는 촉촉한 흰쌀밥에 계란 프라이 하나 얹어서 "맛있게 먹어!" 하고 따뜻하게 말하며 싱긋 웃어보자.

재료 패티 소고기 150g, 돼지고기 150g, 빵가루 7T, 양파 ½개, 베이비 채소 약간, 발사믹 소스, 올리브유, 검은 깨, 청양고추 약간, 소금·후추 약간
소스 우스터소스, 돈가스소스, 양파, 파슬리 가루, 양송이버섯

1. 돼지고기와 소고기를 다진 상태로 준비한다.

2. 볼에 소고기와 돼지고기를 담고 다진 양파와 청양고추, 빵가루를 담아 치댄다(많이 치댈수록 끈기가 생겨 패티 형태로 만들기 쉬워요).

3. 2를 먹기 좋은 크기로 둥글게 모양을 잡는다(가운데 부분을 조금 오목하게 만들면 팬에 익힐 때 골고루 열을 전달할 수 있어요).

4. 우스터소스와 돈가스소스 또는 스테이크소스를 팬에 적당히 두른 뒤 다진 양파와 양송이버섯 슬라이스, 파슬리 가루를 넣고 보글보글 끓인다.

5. 베이비 채소에 발사믹 소스를 먹기 좋을 만큼 뿌린다.

6. 팬을 중간 불로 달군 뒤에 패티를 익힌다. 익힐 때는 프라이팬 뚜껑을 덮어줘야 타지 않고 속까지 잘 익는다. 적당히 익었으면 뒤집어서 반대 면도 익혀준다.

7. 6의 패티와 5의 샐러드를 밥과 함께 접시에 담고 만들어 놓은 소스를 패티 위에 끼얹는다. 취향에 따라 계란 프라이를 곁들여도 좋다.

아직도 잊을 수 없는 도쿄의 맛
연어 스테이크

그리운 그곳을 추억하며 먹는 연어 한 점은
내게는 크나큰 위안이 된다.
추억의 장소가 음식과 연결되어 있다는 건
참 괜찮은 것 같다.

도쿄 여행 중에서 유난히 잊을 수 없는 맛이 있다면, 요시토모 나라의 카페로 유명한 'A to Z'에서 먹은 연어구이 런치일 것이다. 카페놀이를 좋아하는 나는 도쿄 여행 중에도 역시나 원정 카페놀이를 하느라 정신이 없었다. 4박 5일간 카페만 스무 군데 넘게 다녔으니 말이다. 하지만 그것으로도 모자랄 정도로 멋진 카페가 많았다.

그중에서도 유난히 가보고 싶었던 곳은 이미 한국에서도 많은 책자와 인터넷을 통해 유명해진 하라주쿠의 '아농쿡'과 오모테산도의 'A to Z'였다. 하라주쿠와 오모테산도가 인접해 있다는 것을 감안해 나는 하루에 이 두 군데를 다 방문해보기로 결심하고 '아농쿡'을 먼저 찾아갔다. 그곳에서 유기농 현미 카레를 주문해서 먹었는데, 정말 맛있었지만 눈물을 머금고 'A to Z'의 런치를 먹기 위해 반 이상 남기고 나왔다.

오후 3시경 땀 뻘뻘 흘리며 드디어 도착한 요시토모 나라 카페 'A to Z.' 생각보다 컸고 생각보다 많은 이들이 런치를 즐기고 있었다. 나처럼 혼자 온 사람들도 꽤 보였다.

한숨 돌리고 당당히 런치를 주문하려고 하는데, 눈에 들어온 존재가 있었으니 훈훈한 외모의 아르바이트생. 일본 남자인 그를 보자마자 장난이었지만 친구에게 '우리 사귈래?'가 일본어로 뭐냐고 문자메시지로 물어볼 만큼 내 스타일의 '그'였다. 그리고 그가 추천해준 메뉴가 바로 연어구이 런치스페셜. 연어를 안 좋아하는 편이었지만 훈훈한 그가 생글생글 웃으며 추천해주니 어찌할 도리가 없었다. 마치 뭔가에 홀린 듯 나는 그 메뉴를 주문했고, 결국 그 후로 10분 뒤, 내 앞에는 연어구이 런치가 떡하니 등장했다.

'저 붉은색 살은 구운 거라도 내가 싫어하는 그 맛이겠지' 하며 먹어보기도 전에 멈칫했다. '아농쿡'에서 남긴 현미 카레를 몹시 그리워하며 어차피 시킨 거니 어쩔 수 없지, 하는 생각으로 젓가락을 가능한 천천히 움직여 음식을 입으로 가져갔다. 그런데 어머나! 그건 내가 상상했던 맛이 아니었다. 정말 맛있었다. 그것도 꽤나, 몹시, 많이, 매우! 머슴밥같이 쌓아준 흰밥에 기름지게 구워낸 연어 조각을 올려 먹으니 '내가 그동안 먹었던 건 알고 보면 연어가 아니지 않았을까' 하는 의심마저 들 정도로 환상적인 맛이었다. 그렇게 나는 살 통통한 연어구이 한 도막을 밥 한 그릇과 함께 뚝딱 해치웠다. 너무 맛있게 먹은 나머지 '혹시 이건 사랑의 힘이 아닐까' 하는 엉뚱한 생각까지 들었다.

그날 이후로 심심치 않게 손질되어 구이용으로 나온 연어를 사서 기름 두른 팬에 구워 그냥 먹기도 하고, 그럴듯하게 소스를 만들어 곁들이기도 한다. 연어 특유의 짭짤한 맛과 향이 크림소스와 무척 잘 어울려 요즘은 크림소스와 함께 먹는 걸 즐긴다. 조리 시간은 짧고 맛은 시간 대비, 가격 대비 훌륭하니 요리가 서툰 이들에게 너무나 잘 어울리는 메뉴가 아닌가.

참 덥고 참 고된 여행이었지만 나는 그때 그 여름의 도쿄가 자주 생각난다. 그리고 그리운 그곳을 추억하며 먹는 연어 한 점은 내게는 크나큰 위안이 된다. 추억의 장소가 음식과 연결되어 있다는 건 참 괜찮은 것 같다. 이렇게 언제든 그 음식을 먹으며 아쉬움을 달랠 수 있으니 말이다.

재료 구이용 연어 1팩, 양배추 등 샐러드용 야채, 요거트 드레싱, 양송이버섯 약간, 마늘 5쪽, 레몬 ½개
소스 우유 180ML, 밀가루 6T, 버터 약간, 파슬리 가루

1. 팬에 버터를 녹이고 밀가루를 볶는다. 어느 정도 볶다가 우유를 넣어서 같이 끓여준다.

2. 사이드 메뉴인 양송이버섯과 마늘을 얇게 저미고, 버터를 두른 팬에 마늘을 먼저 볶다가 양송이버섯도 함께 볶는다.

3. 준비한 샐러드용 채소를 상큼한 드레싱에 버무린다 (개인적으로는 발사믹 소스나 요거트 드레싱을 추천해요).

4. 버터를 두른 팬에 연어를 굽는다.

5. 접시에 연어를 담고 크림소스를 얹은 뒤 파슬리 가루를 뿌려 사이드 메뉴인 양송이버섯, 마늘 볶음과 상큼한 샐러드, 레몬을 함께 담아낸다.

카레랑은 엄연히 다르다고요
하야시라이스 런치

카레랑은 분명히 다른 특유의 달달 새콤한 맛!
심플한 하야시라이스 소스와 그 안에 씹히는
고기와 야채가 무척 잘 어울렸다.

"여기, 하야시라이스 하나랑 아메리카노 한 잔 주세요. 아이스로요." 요즘 거의 일주일에 한 번 식당이 아닌 카페에서 내뱉는 말이다. 카페에서 즐기는 점심을 무척 좋아하기에 카페에 방문했을 때 식사 종류가 없으면 그냥 나오는 경우도 많다. 그리고 전혀 기대하지 않고 커피만 마시기 위해 찾아간 카페의 메뉴판에 식사 메뉴가 보일 경우 따로 기억해 뒀다가 다시 방문하곤 한다. 요즘에야 카페에도 식사 메뉴가 많아져서 자주 접할 수 있지만 홍대 부근에 유행처럼 일명 '홍대풍 카페'가 생기기 시작할 때만 해도 흔치 않았다. 그렇기에 기대 없이 찾아간 카페에서 밥을 발견하면 두근거리며 주문을 하곤 했다. 하야시라이스 역시 그렇게 먹기 시작한 메뉴였다.

사실 혼자 카페에 가서 밥을 먹는다는 건 한국에서는 여전히 홍대 앞 일부 카페를 제외하곤 보기 힘든 광경이다. 소극적이고 소심한 나 역시 마찬가지였다. 그런 내가 '혼자놀기'에 눈을 뜨고 나서부터는 카페에서 혼자 밥도 잘 먹고 잘 놀게 되었다. 이제는 혼자 사진 찍고 책 읽고 정리하는 그 시간이 너무 소중하다. 이런 나만의 특별한 시간을 한층 빛내주는 메뉴가 바로 하야시라이스이다.

안에 들어가는 내용물은
취향에 따라 다양하게
넣어도 되니
냉장고 정리용 메뉴로도
훌륭해요.

하야시라이스는 우리나라에서는 흔히 '하이라이스'로 부르는데 우리 엄마는 덮밥이라곤 카레라이스와 짜장밥만 가끔 해주셨기에 하이라이스는 집에서 구경도 못했다. 그저 슈퍼마켓의 레토르트 식품 코너를 지날 때 가끔 패키지에 그려진 사진을 보기만 했을 뿐이다.

이렇게 그다지 접할 기회가 없었던, 그랬기에 조금의 기대와 설렘을 가지고 주문한, 처음 만난 하야시라이스! 김치도 없이 몇 조각의 피클과 먹은 간단한 메뉴였지만 갓 지은 듯한 뽀얀 쌀밥과 심플한 하야시라이스 소스와 그 안에 씹히는 고기와 야채가 무척 잘 어울렸다. 얼핏 카레 같은 느낌도 들었으나 맛은 분명 달랐다. 누군가는 '소고기와 돼지고기의 차이겠지'라고도 하지만 단순히 그 차이는 아니다. 카레가 조금 자극적인 맛이라면 하야시라이스는 무난한 맛이랄까? 둘 다 맛있지만 하야시라이스 특유의 데미글라스 소스 맛은 내 입에 착착 감겼다.

좋아하는 카페의 창가 자리에 앉아 지나가는 주말의 사람들을 구경하며 한 숟가락 입에 넣을 때의 그 행복감이란……. 게다가 만들기는 어찌나 편한지, 패스트푸드라고 해도 과언이 아니다. 야채랑 고기를 볶다가 물과 하이라이스 가루나 고형을 넣어 카레처럼 푹푹 끓이기만 하면 완성되는 초 간단 메뉴이다. 거기에 버섯 몇 가지 넣으면 보기에도 그럴싸하고 한 끼 든든히 먹을 수 있는 식탁을 차릴 수 있다.

카레랑은 분명히 다른 특유의 달달 새콤한 맛! 먹고 나면 입이 텁텁해질 수 있으니 자몽 샐러드처럼 상큼한 종류를 사이드 메뉴로 준비해 입가심을 해줘도 좋다. 주말 청소 후 후다닥 빠르고 간편히, 그러면서 든든하고 맛있게 먹을 수 있는 하야시라이스, 이번 주말 도전해보는 건 어떨까?

재료 하이라이스 고형, 불고기용 소고기 200g, 버섯, 양파, 밥 2공기, 식용유

1. 손질한 버섯과 양파를 센 불에 볶는다(취향에 따라 여러 가지 다른 야채를 넣어도 상관없어요).

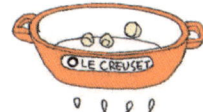

2. 양파가 투명해지고 버섯이 어느 정도 익으면 소고기를 넣고 같이 볶는다.

3. 고기가 어느 정도 익으면 2에 야채와 고기가 푹 잠길 만큼 물을 넉넉히 붓고 끓인다.

4. 3을 어느 정도 끓이다가 하이라이스 고형을 넣고 잘 저어준 뒤 15~20분 정도 더 끓이면 완성!

향기로움이 필요하신가요?
로즈마리 목살구이와 아보카도 샐러드

친구들을 불러
그동안 못 다한 이야기하며, 맥주 한잔해도 좋을
향기로운 메뉴 로즈마리 허브구이와 아보카도 샐러드,
지금 만들어 보자.

카페에서 에이드 종류의 음료를 주문하면 얼음 위에 연둣빛의 새침한 모양의 잎을 올려 준다. 그 잎이 너무 예뻐서 대체 이 잎은 뭘까 하며 마트 야채 코너를 뒤진 적이 있다. 그러다가 결국 인터넷 검색을 통해 그 아이의 정체를 밝혀냈다. 그 수줍은 녀석은 허브의 한 종류인 '애플민트'였다.

평소 인터넷 쇼핑을 즐기는 나는 허브 역시도 인터넷으로 구입했는데 사다 보니 애플민트 말고도 잎 모양이 예쁜 것 위주로, 이름이 끌리는 것 위주로, 장바구니에 담아 몇 종류의 허브를 베란다에서 키우게 되었다. 여러 종류를 사긴 했지만 애플민트에 가장 애정이 갔다. 그런데 어느 날 키우는 강아지에게서 좋은 냄새가 났는데 익숙한 애플민트 향이 아닌 다른 허브 향 같았다. 강아지와 함께 베란다에 나가 킁킁 대며 허브들의 향을 맡다 보니, 다름 아닌 로즈마리 향이었다. 그제야 허브들이 제각각의 향을 가지고 있으며, 다양한 종류만큼 다양한 요리에 가지각색으로 쓰일 수가 있다는 사실을 알게 되었다. 애플민트는 음료나 아이스크림 등에 데코용으로 사용하거나, 탄산수에 넣어 허브 탄산수로 마시면 좋고 로즈마리는 구이류의 요리를 할 때 쓰면 그 향이 기가 막힌다. 평범했던 돼지고기, 닭고기 요리가 마치 유명한 셰프의 손을 거친 것처럼 고급 요리로 변한다고 해도 과언이 아니다.

로즈마리 목살구이와 아보카도 샐러드라 하면 왠지 가정에서 흔하게 접할 수 없는 메뉴 같고 만들기도 어려울 것 같지만 절대 아니다. 그저 평범한 구이에 키우는 로즈마리 몇 잎 따다가 곁들이면 그게 바로 로즈마리 목살구이 아닌가. 고기에는 야채도 있어야 하니 허브 구이에 어울리는 아보카도 샐러드를 곁들이면 근사한 식탁이 완성된다. 상추, 마늘, 쌈장을 곁들여서 먹어도 좋지만 이렇게 이국적인 느낌으로 목살을 먹어도 꽤나 맛있다.

친구들을 불러 그동안 못 다한 이야기하며, 맥주 한잔해도 좋을 향기로운 메뉴 로즈마리 허브구이와 아보카도 샐러드, 지금 만들어 보자! 지극히 평범한 무언가를 특별하게 만들어주는 마법 같은 식물, 허브의 매력에 푹 빠질 것이다.

엄마의 노하우
허브 건강하게 잘 키우기
허브는 대부분 햇빛이 잘 드는 곳에서 잘 자라지만 애플민트, 스피어민트 등의 민트 허브와 레몬밤은 약간 습한 반 음지에서 잘 자란다.
물을 주는 주기는 특별히 정해져 있지 않다. 겉흙을 만져 보고 말랐을 때마다 주면 가장 좋다.

재료 목살구이 : 목살 200g, 다진 마늘 2t, 올리브유 4T, 소금 1.2t, 로즈마리 잎 약간, 후춧가루 약간
아보카도 샐러드 : 아보카도 ½개, 토마토 ½개, 양파 약간, 포도씨유 2t, 간장 0.5t, 설탕 0.5t,
식초 1.5t, 참기름 1t, 소금 약간

목살구이
1. 먹기 좋은 크기로 손질한 목살에 잘게 다진 로즈마리 잎과 다진 마늘, 올리브유, 소금, 후춧가루를 뿌려 밑간한다.

2. 달군 팬에 기름을 두르고 목살을 노릇하게 굽는다.

아보카도 샐러드
1. 아보카도를 먹기 좋은 크기로 손질한다.

2. 토마토와 양파를 먹기 좋은 크기로 손질한다(토마토는 취향에 따라 그냥 넣어도 좋고 살짝 데쳐도 좋아요).

3. 분량의 포도씨유, 간장, 설탕, 식초, 참기름, 소금을 섞어 드레싱을 만든다.

4. 아보카도와 토마토, 양파를 볼에 담고 3의 드레싱을 버무려 낸다
(차갑게 냉장 보관해 두었다가 먹으면 더 맛있어요).

정말 좋아해
딸기 팬케이크

팬에 얇게 구운 팬케이크를 접시에 담고,
생크림을 발라 딸기를 켜켜이 쌓으면
일상의 온갖 우울함이 다 날아가 버릴 정도로
기분 좋은 맛이 된다.

나는 '제일 좋아하는 과일이 뭐예요?' 하는 질문에 단 1초의 망설임도 없이 대답할 수 있다. 그건 바로 사랑스러운 딸기! 지금은 하우스 딸기 덕에 겨울에도 쉽게 딸기를 먹을 수 있지만, 예전에는 봄에만 딸기 구경을 할 수 있었다.
그냥 먹어도 맛있지만 어릴 때는 더 달게 먹으려고 큰 대접에 설탕을 한 가득 담아서 거기에 쿡 찍어 먹기도 했다. 딸기를 맛있게 먹는 방법은 다양하지만, 내 기억에 제일 맛있게 먹는 방법은 우유에 담가 먹는 것이었다. 딸기를 반으로 잘라 그릇에 담고 설탕을 뿌려 살짝 재운 뒤 우유를 부어 시리얼 먹듯이 큰 숟가락으로 퍼먹다가 딸기를 다 건져 먹은 후 분홍색으로 변한 우유를 후루룩 마시면 세상이 전부 내 것 같을 정도로 만족스러웠다.
그 생김새만큼이나 사랑스런 맛을 가진 딸기는 팬케이크와 함께 먹어도 참 맛있다. 팬에 얇게 구운 팬케이크를 접시에 담고, 생크림을 발라 딸기를 켜켜이 쌓아 먹으면 일상의 온갖 우울함이 다 날아가 버릴 정도로 기분 좋은 맛이 된다.
딸기 팬케이크를 처음 맛본 곳은 지금은 없어진 홍대 '카페 이야기'다. 첫눈이 내리던 어느 겨울날이었다. 개인적으로 조금 슬픈 일이 있었던 그날, 합정역에서부터 정처 없이 걷다가 '카페 이야기'를 만나게 되었다. 우산을 써야 할 정도로 많은 눈이 내리고 있었지만 우산이 없던 나는 무작정 그곳으로 들어갔다.

나를 제외하고는 손님이 한 명도 없었고, 창가 자리에 앉아 야속한 눈으로 바깥 풍경을 보며 슬퍼하고 있을 때 아무 생각 없이 주문했던 딸기 팬케이크가 나왔다. '맛있게 드세요'라고 나지막이 말해주는 마스터의 한마디가 따스하게 느껴졌다. 그리고 입안 한가득 딸기 팬케이크를 집어넣었다. 싱싱하고 달콤한 딸기와 부드러운 생크림, 촉촉하고 따뜻한 팬케이크가 얼었던 내 몸과 마음을 녹여주었다. 슬프고 눈물이 나던 날이었지만 딸기 팬케이크 덕택에 또 다른 시작을 위한 위로의 시간을 가질 수 있었다. 그래서인지 딸기 팬케이크는 유독 우울한 날에 생각이 나는 나만의 위로 음식이다.

팬케이크를 직접 구워 먹기 시작한 지 꽤 되었지만 내가 구운 팬케이크는 여전히 못생겼다. 하지만 뭐 어떤가? 딸기가 마법을 부리는지 이 녀석만 있으면 근사한 카페 메뉴가 된다. 눈이 내리는 겨울밤이면 어김없이 따뜻하게 팬케이크를 구워 촘촘하게 딸기를 올리고 커피 한잔하고 싶어진다.

엄마의 노하우

딸기 오래 보관하기
딸기는 꼭지를 떼지 않은 상태에서 랩이나 비닐에 싸서 냉장고에 보관해야 한다.
꼭지를 제거하면 수분이 증발해 맛도 떨어지고 금방 상한다.

싱싱한 딸기 고르기
꼭지가 마르지 않고 과육의 붉은 빛깔이 꼭지 부분까지 도는 딸기가 잘 익어 맛있는 딸기이다.

재료 팬케이크 가루 200g, 계란 1개, 우유 100ML, 슈가 파우더 약간, 딸기, 생크림 50g, 버터나 식용유 약간

1. 팬케이크 가루와 계란, 우유를 볼에 넣고 잘 섞는다.

2. 팬을 약한 불에서 달군 후 버터나 기름을 살짝 두르고 키친타월로 닦아낸다.

3. 2의 팬에 팬케이크 반죽을 평편하고 동그랗게 모양을 잡으며 부어준다

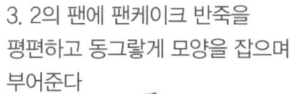

4. 보이는 면에 기포가 올라오면 뒤집은 뒤 2분 정도 더 굽는다.

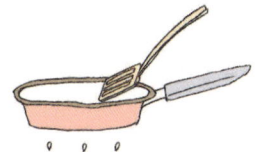

5. 4의 팬케이크를 접시에 담고 생크림을 바른 뒤, 딸기를 예쁘게 쌓고 슈가 파우더를 뿌려준다 (딸기 양은 취향에 따라 조절하세요).

술술 넘어가는 아침
토마토 야채 스프

야채와 고기 그리고 토마토를 넣고
뭉근하게 오래 끓여서 먹으면 그야말로
'내 영혼을 위한 토마토 스프'가 된다.

첫 일본 여행에서 꼭 가보고 싶어서 여행 책이며 다이어리에 몇 번이고 체크해두었던 곳이 있었으니, 스프 체인점 '도쿄 스프 스톡'이 바로 그곳이다. 평소에 스프를 좋아하는 편은 아니었지만 당시 우리나라에는 전문 스프 매장이 없었기에 대체 얼마나 전문적이면 스프 전문점일까 하는 호기심이 생겼다. 여행 책에서 읽은 바로는 지하철역에서 쉽게 볼 수 있어 출근하는 회사원들이 애용한다고 했는데, 바쁜 아침 테이크아웃으로 즐길 수 있는 스프라니…… 늘 밥도 못 먹고 출근하는 나에게는 참 매력적으로 느껴졌다(물론 난 여행 중에 식사 겸 간식으로 먹었지만).

내가 갔던 곳은 도쿄 스프 스톡 오다이바점으로 비너스포트 2층에 자리 잡고 있었다. 나는 여러 종류의 스프 중에서 토마토 스프를 주문했다. 패밀리 레스토랑이나 이탤리언 비스트로였다면 익숙한 크림 스프 종류를 시켰겠지만, 여행 중이어서였을까? 평소에 먹어보지 않은 새로운 메뉴가 궁금했다. 당시 대략 6,000원 정도로 스프 하나 치고는 그다지 저렴한 가격은 아니었지만 그 생소하면서 익숙한 맛은 그 값을 충분히 했다. 한 입을 먹어보고 왜 사이드 메뉴로 빵만이 아니라 밥도 있었는지 알 것 같았다. 뭔가 짭조름한 찌개 맛이 나는 것도 같은 게, 생크림을 넣어 만든 크림 스프 유에 익숙하던 내 입에는 참 신기한 맛이었다. 그런데 먹으면 먹을수록 묘한 매력이 느껴지고 토마토 스프에 자꾸만 손이 갔다(같이 갔던 일행은 크림 스프를 시켰는데, 처음엔 크림 스프가 맛있게 느껴졌지만 어느 순간 둘 다 토마토 스프에 집중하고 있었다).

도쿄 스프 스톡의 토마토 스프 맛에 반해서 나는 한국에 돌아와서도 가끔씩 그 맛이 생각났다. 내가 만들어보면 어떨까 하는 생각에 레시피를 찾아봤지만 쉽게 구할 수 없었다. 결국 글로벌적(!)으로 뒤져서 레시피 찾기에 성공했고, 내 손으로 그 맛을 재현할 수 있었다.

넉넉하게 끓여서 보온병에 담아 친구에게 선물해도 좋아요.

만드는 방법은 생각보다 무척 간단했다. 야채와 고기 그리고 토마토를 넣고 뭉근하게 오래 끓여서 먹으면 그야말로 '내 영혼을 위한 토마토 스프'가 된다. 전날 한 냄비 가득 끓여놓고 출근 전 한 그릇 후루룩 마셔도 좋고, 진하게 끓여서 빵에 찍어 먹어도 참 맛있다. 은근히 과음한 다음 날 생각나는 맛이기도 하다. 닭 육수가 들어가서인지 가볍지 않은 국물이 술술 넘어간다.

풍부한 비타민에 단백질까지, 영양적으로도 추천할 만한 마지표 토마토 스프! 한가로운 일요일 저녁에 바쁜 평일을 위한 아침 식사로 미리 잔뜩 만들어놓으면 일주일이 든든할 것이다.

재료 감자 1개, 당근 ½개, 양파 ½개, 샐러리 한 쪽, 소고기 국거리 한 줌, 물 2컵, 치킨 스톡, 홀 토마토 통조림, 토마토 소스 3T, 소금 · 후추 약간, 식용유

 1. 감자, 당근, 양파를 깍둑썰기로 먹기 좋게 손질한다.

 2. 충분히 달궈진 냄비에 기름을 두르고 양파를 먼저 볶다가 고기를 넣고 같이 볶는다.

3. 2의 고기가 어느 정도 익으면 감자와 당근, 샐러리를 마저 넣고 같이 볶는다.

4. 어느 정도 야채들이 익었다 싶으면 홀 토마토를 잘게 썰어 넣고, 토마토 소스도 3T 정도 넣어준다.

5. 4에 물 2컵과 치킨 스톡 1~2개 또는 치킨 육수 2컵을 붓는다.

6. 5가 끓으면 소금과 후추로 적당히 간을 하고, 중간 불에서 야채들이 푹 익게 뭉근히 끓여준다.

샐러드로 시작하는 아침
치킨 샐러드

냉장고를 열어 보니
카레를 만들고 남은 닭고기와 완두콩이 있다.
잘게 찢어서 상큼한 유자 드레싱에 버무려 먹어야겠다.

어려서 입이 참 짧았던 나는 마요네즈조차 입에 대지 않는 까다로운 아이였다. 마요네즈가 싫어서 햄버거도 안 먹을 정도였으니 말이다(물론 지금은 햄버거에 마요네즈가 모자라면 투덜대고, 이태원의 단골 수제 버거집에서는 마요네즈를 한 손에 들고 계속 뿌려 먹을 정도로 마요네즈를 사랑하게 되었지만). 마요네즈를 싫어했으니 당연히 사라다도 안 먹었다. '사라다'라고 말하면 모르는 사람들도 있을지 모르겠다. 잔치집이나 결혼식에 가면 과일들을 깍둑썰기해서 건포도와 함께 마요네즈에 버무려 내던 샐러드로, 왠지 샐러드가 아니라 '사라다'라고 말해야 어울리는 메뉴이다(샐러드의 일본식 발음이 사라다라고 한다).

사라다를 질색했던 그때의 기억 때문인지 스무 살이 다 되도록 샐러드 유는 좋아하지 않았다. 그러다가 대학생이 되고 한창 친구들과 패밀리 레스토랑을 다니면서 그곳의 입문 음식이라 할 수 있는 허니 머스터드 치킨 샐러드로 샐러드에 눈을 뜬 후 나의 샐러드 사랑이 시작되었다. 샐러드라 함은 마요네즈에 양상추랑 과일을 버무려 내는 게 전부인 줄만 알았던 나에게 그 치킨 샐러드는 마치 새로운 세계를 경험한 것처럼 신선하게 느껴졌다. 또 샐러드는 밥 먹기 전 간단하게 먹는 애피타이저나 후식인 줄만 알았는데 한 끼 식사로 대체 가능한 제대로 된 음식일 수 있다는 사실에 놀랐다.

샐러드 사랑이 시작된 뒤로 나는 집에서도 샐러드를 식사 대용으로 자주 만들어 먹곤 하는데, 가격 대비 포만감 대비 가장 만만한 닭가슴살 샐러드가 식탁에 제일 자주 오른다. 기본 채소인 양상추와 베이비 채소들, 구운 닭가슴살, 드레싱 정도만 있어도 맛있는 샐러드가 된다. 여름철에는 여름 제철 채소인 가지를 구워서 샐러드에 곁들여도 맛있고, 버섯 역시 구워서 차돌박이와 채소를 함께 내면 한식당에서 먹는 고급 샐러드로 변신한다. 갖가지 채소, 다양한 드레싱으로 여러 가지 맛을 낼 수 있는 샐러드. 어릴 적 마요네즈 맛이 싫어서 샐러드를 멀리했던 내가 이제는 집에 있는 모든 재료를 이용해서 샐러드로 만들어 먹는 샐러드 마니아가 되었다.

오늘은 어떤 샐러드를 만들어볼까? 냉장고를 열어보니 카레를 만들고 남은 닭고기와 완두콩이 보인다. 잘게 찢어서 상큼한 유자 드레싱에 버무려 먹어야겠다. 기름기 없이 구운 닭고기와 유자 드레싱의 만남은 맛있는 아침을 만들어 준다. 전날 사 온 베이글과 자몽에이드를 곁들여 샐러드로 먹는 아침 식사는 생각보다 든든하고 맛있다. 영양도 풍부한 나의 샐러드로 시작하는 아침!

엄마의 노하우
추억의 샐러드, 사라다 만들기

사과, 방울토마토, 메추리알, 오이, 귤, 양배추 등 집에 있는 과일이나 채소를 비슷한 크기로 썰어서 마요네즈에 버무리기만 하면 완성. 취향에 따라 햄이나 건포도를 넣어도 좋고, 삶은 계란 노른자를 으깨 샐러드 위에 솔솔 뿌려줘도 좋다.

재료 닭가슴살 150g, 완두콩 3T, 오이 1개, 옥수수 3T, 소금·후추 약간
유자 드레싱 플레인 요거트 1개, 유자청 2T, 레몬즙 $\frac{1}{2}$T, 올리브유 $\frac{1}{2}$T, 소금 $\frac{1}{4}$T, 아가베 시럽 1T

1. 닭가슴살을 소금과 후추로 밑간하고, 10분 뒤에 기름기 없이 담백하게 굽는다.

 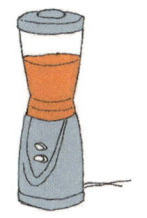

2. 모든 드레싱 재료를 믹서기에 넣고 간다.

3. 완두콩은 물에 씻은 뒤, 끓는 물에 소금을 넣고 살짝 데친 다음 찬물에 식혀준다.

4. 볼에 1의 닭가슴살을 먹기 좋은 크기로 찢어 담고 완두콩, 다진 오이, 옥수수를 넣어 갈아놓은 드레싱과 버무린다.

닭튀김이 먹고 싶어요
밀라노 커틀릿

토마토 토핑이 일반적인 치킨의 맛에
상큼함과 고급스러움을 더해,
절묘하게 어우러지는 그 맛이란
한마디로 '감동'이다.

이제는 거의 국민 간식이라고 인정받고 있는 치킨, '양념 반 프라이드 반, 무 많이'라는 말이 공식처럼 여겨지는 인기쟁이 치킨을 좋아하지 않는 사람이 대한민국에 몇이나 될까? 그런데 솔직히 나는 치킨을 그리 좋아하는 편이 아니다(그렇다고 싫어하는 건 결단코 아니지만). 그저 누가 사주면 먹는 음식 정도이지, 먹자고 먼저 말하는 경우가 없는 정도? 프라이드 치킨은 느끼하고, 양념 치킨은 자극적인 단맛이라 그다지 즐기지 않는다. 굳이 말하자면, 닭다리보다는 가슴살만 골라먹는 취향이랄까?

그런데 이런 나를 반하게 한 치킨이 있으니, 바로 바로 '밀라노 커틀릿'이다. 엄청나게 더웠던 8월의 어느 날, 친구와 신사동 가로수길을 헤매다가 맥주나 한잔하고 가자고 테라스가 있는 술집에 들어갔다. 저녁이 되어도 열대야 때문인지 목덜미는 땀범벅이었다. 덥기도 했지만 압구정에서부터 그 일대 백화점을 찍고, 신사동 로드숍까지 들리는 등 장장 5시간 이상의 쇼핑 강행군을 하고 있었으니 그럴만도 했다. 발품은 발품대로 팔았지만 마음에 드는 건 결국 발견하지 못해 짜증이 날 정도였다. 그런데 또 한 번 미간을 찌푸려지게 하는 요소가 있었으니 친구가 치킨을 먹자는 것이었다. 하필이면, 왜 하필이면 치킨인 건지, 하고 친구가 마음속으로 살짝 원망스러웠다.

일단 생맥주가 나왔다. 친구와 잔을 부딪칠 정신도 없이 크게 들이켰다. "아…… 진짜 맛있다"라는 말이 절로 나왔다. 생수병을 들고 쇼핑을 다녔음에도 불구하고 채워지지 않던 갈증이 한방에 해소되는 느낌이었다. 치킨이 나오기도 전에 한 잔을 깨끗하게 비우고 '한 잔 더'를 외쳤다. 그리고 드디어 나온 치킨 녀석. 첫인상을 찬찬히 살피니 순살 치킨처럼 생긴 것 같기도 하고 납작한 텐더 같기도 했다. 그 옆에 토마토 토핑 같은 게 같이 나왔는데 치킨을 한입 물고 토마토 토핑을 포크로 집어 베어 먹은 치킨 위에 살포시 얹었다. 그리고 다시 치킨을 한입 베어 무는 순간, 캬— 치킨의 느끼함을 해소시키는 그 신선함이란 말로 표현하기 어렵다. 치킨 먹을 때 함께 먹는 하얀 무의 새콤함과는 차원이 달랐다. 양파와 토마토가 어우러져 매력적인 새로운 맛이 탄생되었다. 그렇게 난생 처음 치킨에 빠져 한참을 먹다가 그제야 메뉴 이름을 확인해보았다. '밀라노 커틀릿'이라는 멋스러운 이름이었다. 이게 바로 나와 밀라노 커틀릿의 첫 만남이다.

생각만으로도 군침이 돌지 않는가? 토마토 토핑이 일반적인 치킨의 맛에 상큼함과 고급스러움을 더해 절묘하게 어우러지는 그 맛이란 한마디로 '감동'이다. 그 뒤로 '밀라노 커틀릿'은 닭가슴살만 있으면 자주 해먹는 음식이 되었다. 매우 덥고 짜증도 많이 났던 그날, 살며시 위로를 해주었던 기특한 닭고기 녀석. 내 영혼을 위한 닭고기 스프, 아니 내 영혼을 위한 치킨이랄까?

엄마의 노하우
닭 튀김 맛있게 튀기는 법
닭은 두 번 튀긴다는 생각으로 처음에는 중간 불에서 은근히 튀겨 속까지 익게 하고, 나중에는 센 불에 한 번 더 튀겨 수분을 날려줘야 바삭하게 잘 익는다.

재료 닭가슴살 200g, 계란 2개, 빵가루 100g, 파르메산 치즈 가루 4T, 밀가루 약간, 소금·후추 약간, 식용유
토마토 토핑 토마토 2개, 양파 ½개, 올리브유 4T, 레몬즙 1T, 다진 파슬리, 소금·후추 약간

1. 닭가슴살은 시중에 판매되는 것은 두꺼우니 얇게 썰어준 후 소금과 후추로 밑간을 해둔다.

2. 닭가슴살에 밀가루 옷을 입히고 계란 물, 빵가루 순서로 묻힌다.

3. 튀김 냄비에 기름을 넣고 160도 정도에서 10분 가량 닭고기를 튀긴다.

4. 토마토와 양파를 잘게 다져준다. 양파의 매운맛이 싫다면 물에 10분 정도 담가두면 좋다.

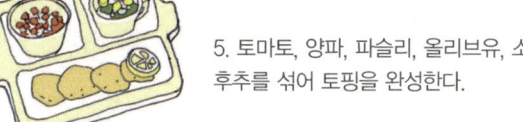

5. 토마토, 양파, 파슬리, 올리브유, 소금, 후추를 섞어 토핑을 완성한다.

보들보들 봄날 같은
우유 푸딩

집에서 만들면 당도를 조절할 수 있으니
내 입맛에 딱 맞는 푸딩을 만들 수 있어 더 좋다.
우유 푸딩, 딱 봄날 같은 맛이다.

푸딩이라고는 마트나 슈퍼에 가면 쉽게 볼 수 있는 대량생산품으로만 알고 지내던 내게 도쿄에서 맛본 파스텔 푸딩은 참으로 신선한 충격이었다. 디저트 문화가 발달해 있다는 이야기는 들었지만 푸딩 전문점이 따로, 그것도 체인화 되어 있다는 사실을 알고 참 신기했다. 그래서 일본으로 여행을 가게 되면 꼭 먹어봐야지 했던 메뉴가 푸딩이었다. 『두나의 도쿄놀이』에서 처음 알게 된 파스텔 푸딩은 패키지부터 참 예뻤고, 도쿄에 가니 큰 지하철역마다 하나씩은 꼭 있을 정도로 대중적인 체인점이었다. 종류가 워낙 다양해서 무엇을 골라야 할지 한참 고민하다가 우유 푸딩과 녹차 푸딩을 한 상자 담아가지고 다음 목적지인 다이칸야마로 이동했다.

하지만 내가 도쿄에 갔던 때는 여름이어서 푸딩 상자를 들고 다니는 것조차 제법 일이었다. 다른 손에는 커다란 카메라가 들려 있어서인지 더 짐으로 느껴졌다. 같이 갔던 동생과 이미 밥을 먹은 뒤라 배가 불러서 버릴까도 심각하게 고민했지만 당시 한국 돈으로 5,000원 정도의 가격이었기에 차마 버릴 수는 없었다. 그렇게 땀을 뻘뻘 흘리며 하루 일정을 마치고 숙소로 돌아왔고 지친 하루였기에 둘 다 씻고 침대에 벌렁 누웠다. 피곤해서인지 달달한 게 당겼다. 그때 버릴까 말까 고민하던 애물단지 푸딩 상자를 열었다. 하나를 집어 스푼으로 포옥 떠서 입에 넣었다. "아, 이거 참 맛있다!" 그러곤 둘 다 말없이 푸딩 한 통을 싹싹 긁어 먹었다. 보들보들 달콤달콤 입에 착착 감기고, 부드럽게 잘 넘어가던 그때 그 푸딩. 한국에서는 이런 푸딩을 먹을 수 없다니 아쉬운 생각까지 들었다.

그리고 그 후로 얼마 뒤 한국에서도 맛있는 우유 푸딩을 이태원에서 맛볼 수가 있었다. 'Passion5'의 푸딩이 일본에서 먹은 그 맛과 비슷했다. 그렇다고 늘 이태원까지 가서 푸딩을 먹을 수는 없기에, 직접 만들기에 도전해보았다. 이른바 '마지표 우유 푸딩'이다. 집에서 만들면 당도를 조절할 수 있으니 내 입맛에 딱 맞는 푸딩을 만들 수 있어 더 좋다. 집에서 즐기는 나만의 카페 메뉴로 자리 잡은 우유 푸딩, 딱 봄날 같은 맛이다.

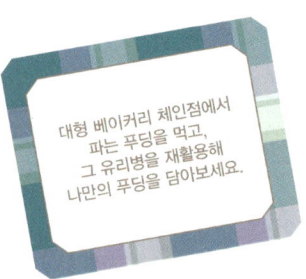

대형 베이커리 체인점에서 파는 푸딩을 먹고, 그 유리병을 재활용해 나만의 푸딩을 담아보세요.

재료 생크림 200ML, 우유 150ML, 젤라틴 5g, 아가베 시럽 1T, 바닐라 오일 1T, 계란 노른자 1개

1. 생크림과 우유를 각각 정해진 양만큼 섞는다.

2. 1을 냄비에 넣고 약한 불로 살짝만 끓인다. 기포가 살짝 올라올 때 불을 끄고 식혀준다.

3. 2를 충분히 식힌 뒤 젤라틴을 넣는다.

4. 계란 노른자를 잘 풀어서 3에 넣고 휘핑한다. 노른자가 익을 수도 있으니 식었을 때 휘핑하고 체에 거른다(휘핑 후 체에 걸러야 푸딩이 평평하게 예쁘게 만들져요).

5. 4에 바닐라 오일과 아가베 시럽을 넣고 그릇에 덜어 담는다.

6. 5를 냉장고에서 3~4시간 정도 굳히면 완성!

recipe 2

오후만 있는
일요일을 위한
영양만점 간단 레시피

나를 위한 든든한 한 그릇
화이트소스 떡 그라탱

피자치즈 녹는 냄새가 코를 자극하고
주방 가득 맛있는 온기가 가득해져가고 있을 무렵,
땡 소리가 들리고 드디어 완성된
나의 스페셜 그라탱!

어떻게 갔는지도 모를 정도로 바쁜 일주일을 보내고 꿀맛 같은 주말 늦잠을 자고 일어났을 때의 기분은 그 어느 때보다 좋다. 온기가 가득한 이불 속에서 나오기 싫어서 베개에 얼굴을 푹 파묻고 뒹굴거리며 10시간 이상을 자고 오후가 다 돼서야 일어난 어느 주말 오후였다. 오랫동안 아무것도 먹지 않은 탓에 허기가 져 본능적으로 먹을거리를 찾아 냉장고 문을 열었다. 하지만 냉장고 앞에 서서 냉장고의 찬 기운을 느끼며 무얼 먹을까 잠시 고민하곤 문을 닫아버렸다. 일주일 전에 사둔 야채들은 이미 시들해져가고 제대로 된 먹을거리라곤 눈을 씻고 찾아봐도 없었다. 이럴 거면 차라리 장을 보지 말걸 하는 후회가 밀려오는 찰나, 눈에 들어온 유통기한을 3일 앞둔 피자치즈. 카트에 담을 때는 치즈 떡볶이도 해먹고 치즈 고로케도 해먹고 이것저것 오븐요리를 해먹겠어! 하고 야심차게 사온 피자치즈가 벌써 생을 마감하기 3일 전이라니…… 나의 게으름에 한숨이 절로 나왔다.

이대로 버릴 순 없다 싶어 이걸 가지고 무얼 만들어야 하나 잠시 고민에 빠졌다. 아침부터 매콤한 치즈 떡볶이는 안 당기고, 고로케를 만들기엔 이번 주 나의 일상이 너무 고됐기에 그것 가지곤 부족하다 싶다. 심신이 피로한 나를 위해 따뜻한 한 그릇의 요리가 먹고 싶었다. 멍한 얼굴로 컴퓨터 앞에 앉아 5분간 검색을 한 뒤 결정한 나의 주말 브런치는 크림 소스를 베이스로 한 그라탱이다. 냉장고에 라면에 넣어먹을 용도로 상시 구비 중인 조랭이 떡과 유통기한이 얼마 안 남은 피자치즈, 우유 그리고 시들해진 야채들을 처리하기에 탁월한 메뉴 화이트소스 떡 그라탱, 당첨!

크림 소스는 생크림 없이 버터에 후다닥 밀가루 볶고 우유 넣어서 5분 만에 뚝딱 만들었다. 그리고 시들해져가는 야채들을 도마 위에서 송송 썰어주고, 팬을 달구고, 오븐을 예열했다. 팬에 버터를 녹이고 야채와 베이컨 그리고 떡을 신나게 볶다가 크림 소스로 마무리한 뒤 그라탱기에 담았다. 친구로부터 선물 받은 예쁜 그라탱기에 조심스레 담고 피자치즈와 파슬리 가루를 솔솔 뿌린 뒤 오븐에 넣고 나의 특별한 아침을 위한 설레는 기다림을 시작했다.

> 오븐에서 그라탱이 완성되는 동안 함께 먹을 주스나 샐러드를 준비해보세요.

늘 생각하는 거지만 오븐에서 음식이 익혀질 때의 기다림은 너무나 길게 느껴진다. 피자치즈 녹는 냄새가 코를 자극하고 주방 가득 맛있는 온기가 가득해져가고 있을 무렵, 땡 소리가 들리고 드디어 완성된 나의 스페셜 그라탱! 햇살 가득한 테이블에 아끼는 패브릭을 깔고 그라탱을 조심스레 세팅했다.

일주일 중에 제일 좋아하는 이 시간, 좋아하는 책을 보며 내가 만든 간단한 브런치를 먹는 햇빛 들어오는 이 시간이 너무 행복하다. 늘어지는 치즈와 고소한 크림 소스 그리고 야채와 떡의 만남이 이리 나를 풍요롭게 해줄 수도 있구나, 하고 혼자 작은 감동을 느낀다.

재료 떡 200g, 양송이버섯 100g, 브로콜리 100g, 양파 1개, 파프리카 100g, 베이컨 2줄, 피자치즈 약간, 파슬리 가루 약간
크림소스 버터 60g, 밀가루 20g, 우유 400ML, 소금·후추 약간

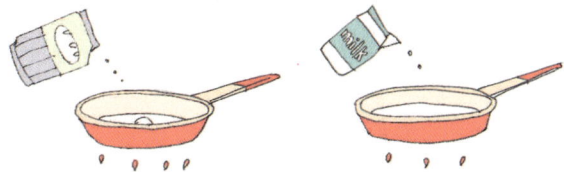

1. 크림 소스를 먼저 만들어놓는다. 팬에 버터를 녹이고, 녹기 시작하면 밀가루를 조금씩 넣으면서 볶는다. 밀가루가 풀어지면 우유를 넣고 소금과 후추로 간을 한다.

2. 브로콜리와 떡을 살짝 데쳐준다.

  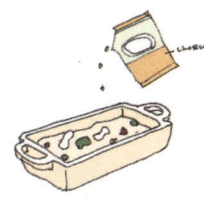

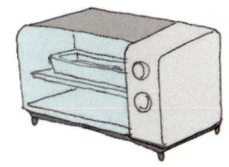

3. 팬에 버터를 녹이고 베이컨을 볶아준다.

4. 베이컨이 다 익으면 브로콜리, 파프리카, 양파, 양송이버섯을 넣고 함께 볶는다.

5. 4의 야채들이 어느 정도 익으면 떡을 넣고 더 볶아준다.

6. 5에 크림소스를 넣고 소스가 걸쭉하게 될 때까지 볶은 뒤 소금과 후추로 적당히 간한다.

7. 그라탱기에 예쁘게 담고 피자치즈와 파슬리 가루를 뿌려준 후, 180도로 예열된 오븐에서 10~15분간 익힌다.

짜증이 나는 날에는
매운 게 필요해
마파두부 덮밥

다진 돼지고기와 두부만 있으면
매콤하고 든든한 한 끼 식사가 되는 마파두부.
스트레스를 받아 매운 걸 먹고 다 잊어버리고 싶을 때
내가 자주 해 먹는 음식이다.

석 달간 계획한 설레는 여름 휴가를 앞두고 회사 일이 빵하고 터질 때, 새로 산 수십만 원짜리 아끼는 겨울 신상 코트에 제대로 뜨거운 카페라테를 쏟았을 때, 내일이 기념일인데 남자친구가 완전히 잊어버리고 친구의 결혼식 이야기나 하고 있을 때 등 살다 보면 참 갖가지 짜증나는 일들이 있다.

그럴 때 나를 위로해 주는 두 가지는 좋은 사람과의 적당하고 따뜻한 술 한잔 그리고 땀 뻘뻘 흘리게 만드는 매운 음식이다. 사실상 스트레스는 매일 받다시피 하고 거울 속 내 얼굴은 늘 일상에 지쳐 찌들어 있다. 몸이 피곤해 술 한잔의 위로는 자주할 수가 없다. 그러다 보니 만만한 게 매운 음식인데, 사실 매운 음식을 그리 잘 먹지 못하는 편인데도 불구하고 참 자주 생각나고 즐겨 먹는다. 어릴 땐 떡볶이가 여느 아이들과 마찬가지로 제일 좋아하는 음식이었으며 떡볶이와 함께 성장했고 포동포동해졌다고 해도 과언이 아니다. 커서는 낙지볶음, 주꾸미볶음 등 여러 매운 음식을 즐겨먹고 있는데, 그중에서 집에서 가장 만만하게 만들 수 있는 나만의 매운 요리가 바로 마파두부이다. 다진 돼지고기와 두부만 있으면 매콤하고 든든한 한 끼 식사가 되는 마파두부는 스트레스를 받거나 매운 걸 먹고 다 잊어버리고 싶을 때 내가 자주 해먹는 음식이다.

어렸을 때는 안 좋아하던 두부가 이제는 참 맛이 있다. 아주 맵게 먹고 싶을 땐 두반장을 듬뿍 넣고 소스가 아주 자작하게 되게 만들어 먹고, 아침 식사로 든든하게 먹고 싶을 땐 녹말 물을 넉넉하게 풀어 계란까지 얹어 순하게 먹기도 한다. 모든 덮밥 종류가 그렇듯이 속에 들어가는 재료를 조금씩 바꿔주기만 해도 그럴듯한 맛이 나고, 더욱 특별한 덮밥이 되기도 한다. 마파두부에 들어가는 고기도 돼지고기뿐 아니라 소고기나 닭고기를 응용해도 좋고, 기름 뺀 참치를 넣어도 맛있다.

> 매운 걸
> 잘 못 드시는 분은
> 콩나물국이나 미역국
> 같은 맑은 국을 준비해
> 같이 드세요.

재료에 구애 받지 말고 지금 냉장고 속 재료를 꺼내 나만의 맛있는 마파두부를 만들어보면 어떨까? 매콤하게 기분 좋은 한 끼가 될 것이다.

재료 두부 ½모, 다진 돼지고기 100g, 마늘 2쪽, 실파 약간, 포도씨유 2T, 두반장 ⅔T, 청주 1T, 설탕 ½T, 물 150ML, 녹말 물(물:녹말=1:1), 참기름 약간, 고추 약간

1. 돼지고기는 다진 것을 준비하거나 잘게 다진다. 마늘, 고추, 파 등을 잘게 다지고 두부는 적당한 크기로 깍둑썰기한다.

2. 팬에 기름을 두르고 마늘, 두반장을 넣어 볶는다.

3. 돼지고기를 넣고 반 정도 익으면 간장, 청주, 설탕을 넣고 센 불에 볶다가 녹말 물을 넣고 끓여준다.

4. 고기가 익었을 때쯤 잘게 깍둑썰기한 두부를 넣는다.

5. 뚜껑을 덮고 약한 불에서 조금 더 익힌다.

6. 파를 넣고 녹말 물을 붓고 저어주면 완성!

이게 바로 홈메이드의 참맛
튜나 에그 샌드위치

참치에 계란까지 들어가
영양 만점인 튜나 에그 샌드위치.
일요일 아침,
베란다에 나가 광합성을 하며 먹으면 어떨까?

간단하게 먹을 수 있는 나만의 브런치 메뉴는 누구나 있을 것이다. 나 역시 한식, 양식 종류별로 나만의, 정말 내가 좋아하고 자주 해먹는 브런치 메뉴가 있다. 한식을 말하자면 브런치라고 말하기 부끄럽지만 '간장 계란 비빔밥'이다. 계란 프라이를 간장, 참기름과 함께 밥에 비벼 먹는 메뉴인 간장 계란 비빔밥은 마지표 대표 브런치 메뉴이다. 그리고 하나 더 들자면 바로 '튜나 에그 샌드위치'이다. 그동안 블로그를 통해 많은 브런치 메뉴를 소개했지만 정작 튜나 에그 샌드위치는 올린 적이 없다. 간장 계란 비빔밥이나 튜나 에그 샌드위치나 너무 자주 먹는 일상의 밥이라 따로 올릴 생각을 못한 것 같다.

튜나 샌드위치나 에그 샌드위치 둘 다 인기가 많은 샌드위치 종류이지만 이 두개가 합쳐진 튜나 에그 샌드위치는 조금 생소하게 느껴질 수도 있다. 참치 캔과 계란, 둘 다 냉장고에 상비하고 있는 익숙한 재료이며, 만드는 방법 또한 무척 쉬운 친절한 메뉴이다.

기름을 꼭 짠 참치에 포슬포슬하게 삶은 계란을 다져 넣고, 마요네즈와 간단한 소스에 비벼내기만 하면 맛있는 홈메이드 샌드위치가 완성된다. 참치 샌드위치면 참치만 넣든가, 감자 샌드위치도 아닌데 계란은 왜 넣어, 하고 의아해 할지도 모르지만 이 둘의 만남이 얼마나 환상적이고 중독성 강한지는 먹어본 사람만 안다. 그냥 일반적인 참치 샌드위치에 계란만 더 넣었을 뿐인데 그 맛의 차이가 얼마나 크게 다가오는지 모른다. 그냥 김치볶음밥보다 계란프라이와 김 가루가 들어간 김치볶음밥이 훨씬 맛있는 것과 같은 이치랄까?

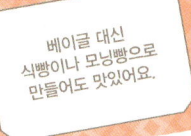

베이글 대신 식빵이나 모닝빵으로 만들어도 맛있어요.

혼자 밥을 먹는다고, 그저 한 끼 때우기 식으로 인스턴트 식품을 소파에 앉아 텔레비전을 보며, 혹은 컴퓨터 앞에서 먹고 있지는 않는지? 나 역시도 얼마 전까지 인터넷을 하며 밥을 먹는 게 일상이었다. 이상하게도 그때는 이 튜나 에그 샌드위치가 그렇게 맛있게 느껴지지 않았다. 그러다가 음식 사진 찍기에 재미를 붙이고, 블로그에서 사진을 포스팅하기 시작하면서 나만의, 나를 위한 식탁을 만들어 가기 시작했다. 예쁜 패브릭을 깔고, 보고 싶었던 책을 옆에 두고, 밥을 먹고 나서 먹을 디저트까지 준비해두고 나만의 일요일 아침 겸 점심을 즐기기 시작한 것이다. 그렇게 먹으니 그전에도 열심히 만들어 먹던 나의 단골 메뉴인 튜나 에그 샌드위치가 다르게 느껴졌다. '내가 만들었지만 정말 맛있다' 하는 생각이 들 정도로 말이다.

참치에 계란까지 들어가 영양 만점인 튜나 에그 샌드위치. 일요일 아침, 베란다에 나가 광합성을 하며 먹어보면 어떨까? 따듯한 햇빛이 몸과 마음을, 튜나 에그 샌드위치가 입과 마음을 행복하게 만들어 줄 것이다.

재료 베이글 2개, 치커리, 피클, 마요네즈 5T, 머스터드 2t, 작은 사이즈 참치캔 1개, 양파 1개, 계란 3개, 소금·후추 약간, 버터 약간

1. 참치의 기름을 쭉 뺀다.

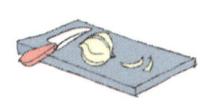

2. 양파는 얇게 슬라이스 하고 계란은 삶아 다진다.

3. 볼에 기름 뺀 참치와 양파, 계란, 피클을 넣고 마요네즈와 머스터드에 버무려준 후 소금과 후추로 간한다(참치 자체도 염분이 있으니 소금과 후추를 조금만 넣어주세요).

4. 베이글을 반으로 가르고 살짝 굽거나 따듯하게 데워준 뒤 버터를 바른다.

5. 베이글에 치커리를 올리고 3의 참치 스프레드를 올려준다.

6. 취향에 따라 토마토나 치즈를 곁들여 맛있게 먹는다.

마지의 비스트로에 초대합니다
미트소스 펜네 파스타

조그만 방울토마토를 반으로 가를 때의 느낌과
센 불에 음식이 볶이는 소리가 좋다.
미트소스 파스타를 만드는 과정에는
내가 좋아하는 요소들이 꽤나 포함되어 있는 셈이다.

혼자서 이것저것 만들어 먹다 보면 은근히 만들기 쉬운 메뉴가 파스타 종류이다. 물론 전문 이탤리언 레스토랑의 맛은 안 나지만 냉장고 속의 재료로 간단하게 만들 수 있다는 장점이 있는 착한 메뉴이다.

주말 아침, 일주일간 업무에 치이고 회식 때 먹은 삼겹살 후유증까지 겹쳐 입맛을 잃은 날, 냉장고 문을 열었는데 토마토가 보인다. 그리고 먹다 남은 소고기 조금도. 새콤한 토마토 스파게티를 만들어 먹어야겠다는 생각이 들었다(이왕이면 걸쭉한 소스로 만들어서 얼른 먹어치우고 일주일 동안 모자란 잠을 보충하러 침대에 들어가야겠다는 생각도).

나름 한다고 하는데 회사 일이라는 게 그렇게 녹록지 않은 경우가 많다. '남의 돈 벌기가 어디 쉬운 일인가'라는 절대 진리를 안 지 벌써 5년 가까이 되었지만, 여전히 힘든 일이 참 많다. 그리고 나이를 먹어가면서 몸도 예전 같지 않음을 느낀다. 그래서인지 토요일 아침에는 몸이 침대에서 영 떨어질 줄은 모른다. 침대에서 나를 당기는 느낌이랄까. 지난 주 회식에서 고기를 포식한 터라 고기라면 그다지 당기지 않을 법도 한데 진한 미트소스를 제대로 먹기 위해 펜네를 선택하는 내가 신기하기도 하다.

요리를 하면서 좋아하는 조리 과정이 몇 가지 생겼는데 그중에 하나가 방울토마토를 자르는 일이다. 조그만 방울토마토를 반으로 가를 때의 느낌이 참 좋다. 그리고 센 불에 음식이 볶이는 소리를 듣는 것도 좋다. 생각해 보니 미트소스 파스타를 만드는 과정에는 내가 좋아하는 요소들이 꽤나 포함되어 있는 셈이다.

몸도 피곤한데 뭘 만들어 먹나, 하고 귀찮은 생각이 들지도 모르지만 몸이 힘들고 마음의 여유가 없을수록 밖에서 파는 밥보다는 어설프더라도 내가 만드는 집 밥이 낫다. 약 15분

간의 간단하고도 조금은 고된 조리 과정을 거치고, 드디어 미트소스 펜네 파스타가 완성되었다. 아끼는 아라비아 핀란드 접시에 담고 좋아하는 꽃무늬 리넨 테이블클로스를 펼쳤다. 생각해 보면 혼자 먹을수록 더 예쁘게 잘 차려 먹어야 한다는 생각을 하게 된 것도 회사를 다니고부터였던 것 같다. 나를 위해 쓸 수 있는 시간은 주말밖에 없다는 보상심리에서. 내가 만들었지만 참 맛있게 만들어진 파스타를 먹으며 다음 주에는 꼭 지난주에 해결하지 못한 찜찜한 그 일을 마쳐야지 하고 회사 일을 머릿속으로 그리는 나를 보고 있자니 조금 웃음이 난다. 힘들다고 투정 부릴 땐 언제고 또 어느새 회사 일을 생각하고 있으니 말이다. 뭐, 아무렴 어떤가. 지금 난 내가 만든, 이탈리아 전통 셰프가 만든 것 부럽지 않은 파스타를 먹고 있다는 사실이 중요하지. 이 파스타를 먹고 으쌰으쌰 힘을 내서 보람차게 다음 주를 보내야겠다. 왠지 이 시간, 이 공간만큼은 '마지의 비스트로'라 해야 될 것 같다. 나에게 힘을 주고, 기운을 불어넣어주는 특별한 레스토랑, 마지의 비스트로.

재료 펜네 파스타 180g, 다진 소고기 130g, 마늘 4쪽, 당근 $\frac{1}{2}$개, 양파 $\frac{1}{2}$개, 토마토 통조림 $\frac{1}{2}$개, 토마토 페이스트 4T, 레드 와인 6T, 소금 약간, 식용유

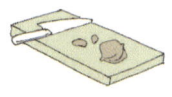  

1. 마늘, 양파, 당근을 잘게 다지고, 팬에 기름을 두른 다음 마늘을 먼저 볶는다.

2. 마늘이 어느 정도 익었다 싶으면 당근과 양파도 함께 넣고 볶아준다.

3. 냄비에 물을 끓이고 소금과 올리브유를 약간 넣은 뒤 파스타 면을 넣고 8~10분간 삶는다.

4. 2에 다진 소고기를 넣고 볶다가 레드 와인 넣고, 소금으로 간을 한다.

6. 소스가 완성되면 삶아놓은 파스타 면을 소스에 넣고 살짝 볶아낸다.

5. 고기가 어느 정도 익으면 토마토 통조림과 토마토 페이스트를 넣어준다.

일요일 오후 2시 시원한 맥주가 당길 때
야끼소바

야끼소바는 생각보다
조리 방법도 재료도 매우 간단해서
'음식 못해요!' 하고 손사래를 치는 사람에게도
추천할 만하다.

햇살이 바스락 소리가 나는 것처럼 느껴질 정도로 더운 날이었다. 아무것도 하기 싫고, 마냥 귀찮기만 할 때, 목 넘김이 시원한 맥주나 한잔 마셨으면 좋겠다 싶을 때 생각나는 음식이 하나 있으니 다름 아닌 야끼소바!

처음 야끼소바를 먹었던 것은 대학교 신입생 시절 어느 맥주 집에서였다. 아직은 술을 마신다는 것이 어색하기만 하고, 선배들이 어려워서 쭈뼛쭈뼛하고 있는데 야끼소바가 안주로 나왔다. 우동도 아닌 것이, 잡채 같기도 한 정체불명의 야끼소바와 나는 그렇게 첫 대면식을 가졌다. 그리고 짭조름하고 감칠맛 나는 그 특별함에 첫눈에, 아니 첫 입에 반해버렸다. 그날 이후 한동안 어김없이 술집에만 가면 '여기 야끼소바 하나요!' 하고 우렁차게 외쳐댔으니 어찌 보면 내가 술과 친해진 건 야끼소바 덕분이기도 하다.

그리고 최근에, 동명의 만화가 드라마로 만들어진 「심야식당」이라는 일본 드라마를 보고 야끼소바 사랑이 다시 시작되었다. 밤 12시부터 아침 7시까지만 영업하는, 사람들이 원하는 음식을 재료가 허락하는 한 만들어주는 독특한 마스터가 운영하는 이 식당엔 늘 사연 많은 사람들이 드나든다. 그러던 어느 날 어릴 적 아이돌 가수였던 슬픈 목소리를 한 여자가 시켰던 야끼소바! 아삭한 숙주와 쫄깃한 면발이 적당한 기름기를 감싸 안고 입안으로 들어올 때의 맛이란 하루의 근심과 걱정이 사라지는 느낌마저 들게 한다. 그래서 아마, 그 아이돌 가수도 야끼소바를 시킨 건 아니었을까?

야끼소바는 생각보다 조리 방법도 재료도 매우 간단해서 '음식 못해요!' 하고 손사래를 치는 사람에게도 추천할 만하다. 특히 냉장고에 있는 재료를 뭐든 응용해도 된다는 훌륭한 장점이 있는 메뉴이다. 숙주가 없어도 맛나고 해산물이나 고기가 없어도 심심하지 않다. 적당히 매콤한 맛을 즐기기에는 피망이나 고추를 넣어도 좋고 말이다. 뭐든 원하는 맛에 맞춰 넣으면 그만! 시중에서 판매하고 있는 데리야끼 소스만 하나 있으면 일본식 선술집에서 맛보던 야끼소바를 누구라도 재연할 수 있다. 거기에 시원한 맥주를 더하면? 그야말로 환상의 짝꿍!

오징어와 홍합 등 신선한 해물을 듬뿍 곁들인 해물 야끼소바, 냉장고 한편에 먹다 남은 삼겹살을 잘게 썰어 넣은 볶음 돼지고기 야끼소바, 이것저것 다 필요 없이 가다랑이포 잔뜩 얹고 마요네즈 듬뿍 뿌린 특제 야끼소바까지 뭐든 자르고 볶아 넣어주면 그만의 특별함이 살아 있는 야끼소바가 된다.

오늘 만들 야끼소바는 계란 반숙 프라이를 곁들여 쓱쓱 비벼 먹는 심야식당표 야끼소바! 냉장고의 남은 재료들을 몽땅 꺼내 나만의 식탁을 근사하게 차려보자. 일요일 오후, 밀린 빨래나 집안일을 한 후 입에 착 붙는 맥주와 함께해도 좋고, 한밤중 나만의 특별한 야식으로도 전혀 손색이 없다.

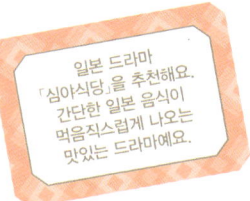

일본 드라마
「심야식당」을 추천해요.
간단한 일본 음식이
먹음직스럽게 나오는
맛있는 드라마예요.

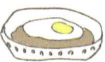

재료 우동 사리면 2봉지, 야끼소바 소스 6T, 소금 · 후추 약간, 양배추 300g, 피망 100g, 돼지고기 200g, 가다랑이포, 계란 2개, 올리브유

1. 우동 사리면을 80퍼센트 정도 익을 정도로 삶아준다
(나머지는 볶으면서 익혀야 맛이 좋아요).

2. 야채들을 먹기 좋은 크기로 썰어서 달궈진 팬에 올리브유를 두르고 양배추를 먼저 볶다가 어느 정도 익으면 피망과 양파도 함께 넣어서 볶는다. 야채가 어느 정도 익었다 싶으면 삶아진 면을 넣고 같이 볶는다.

3. 야끼소바 소스를 큰 스푼으로 세 스푼 정도 넣고 함께 볶다가, 소금과 후추로 간을 한다. 적당히 면의 색이 변하고 익었다 싶으면 그릇에 담고 가다랑이포와 계란 프라이를 얹는다
(취향에 따라 파슬리 가루나 마요네즈를 같이 올려 먹어도 좋아요).

4. 그럼 이제 완성!
시원한 맥주 한 잔과 함께 맛있게 먹는다.

어설퍼도 맛있어
오므라이스

집에서 만들어 먹는
오므라이스를 정말 좋아한다.
노란 옷을 입은 볶음밥에 소스를 살살 비며 먹는 그 맛이란
그 어떤 요리보다 훌륭하다

일요일 오전 10시, 2주일 동안 청소가 안 된 내 방을 정리한다. 옷장은 말할 것도 없고 책상도 옷장이 된 지 오래다. 침대 밑에는 언제 그렇게 쌓아둔 건지 읽다 만 잡지와 책들이 한가득이고 화장대는 오래전에 그 기능을 상실했다. 이렇게 정신없는, 방이라 불리는 어느 정신없는 공간을 2시간가량 정리하고 나니 배가 엄청 고파온다. 내가 이렇게 격하게 허기를 느낄 때마다 도전하는 음식이 있으니 바로 오므라이스이다.

블로그를 본격적으로 운영한 지 벌써 4년차에 접어들었고, 그동안 꽤나 많은 분들이 다녀갔다. 나는 전문적으로 요리 레시피를 올리고 공유하는 요리 블로거는 아니다. 그저 내가 만든 주말 밥상의 일부를 공유하는 정도? 그래서인지 내가 만든 음식들은 몇 년차 주부들 것처럼 훌륭하고 완벽한 레시피의 음식들이 아니다. 그저 편하고 쉽게 만들 수 있는 것들로, 한 번을 먹어도 예쁘게 나만의 밥상을 차려 먹는 것을 좋아할 뿐이다. 평일엔 직장에 다니는 탓에 주말에만 요리를 하는데, 식탐인지 모르겠지만 이것저것 만들어 보고 싶은 마음에 한 번에 여러 가지 음식에 도전하기도 한다. 실패를 해도 맛있게 먹어주는 동생이 있어서인지 과감하게 도전하는데, 음식이란 것도 공부랑 비슷해서 하면 할수록 늘기는 하는 것 같다.

그런데 아직도 내가 무척 못하는 게 있으니 계란 프라이와 계란 지단 부치기, 계란말이이다. 계란을 풀어서 프라이팬에 펼쳐 2분 정도 익히면 끝인 이 쉬운 요리(?)를 나는 번번이 실패하고 만다. 엄마는 어떻게 마법을 부리는지 곱디 고운 지단과 통통하고 예쁜 계란말이를 너무나도 손쉽게 만들어 주시던데, 나는 그게 참 어렵다.

계란 지단쯤 못해도 상관없잖아, 하고 생각할 수도 있지만 안타까운 건 내가 집에서 만들어 먹는 오므라이스를 너무 좋아한다는 점이다. 노란 옷을 입은 볶음밥에 소스를 살살 비며 먹는 그 맛이란 정말 그 어떤 요리보다 훌륭하다. 그런데 오므라이스의 생명인 계란 옷을 만들 줄 모른다니 이보다 슬픈 일이 있을까? 늘 프라이팬이 안 좋아서 그래, 하고 스스로를 위로하며 못난이 오므라이스를 꿋꿋이 만들어 먹는다. 지금도 예쁘게 계란 옷을 입은 오므라이스에 대한 열망은 헤아릴 수 없이 크지만 엄마가 만든 것의 반만큼도 예쁘지 않다. 도대체, 뭐가 문제인 걸까?

나도 언젠가는 기포 없어 고르고 엷은 노란 빛깔의 예쁘게 만들어진 계란 옷을 입은 오므라이스를 만들 수 있겠지. 어쩜 나도 누군가의 엄마가 되어야만 가능한 일일지도 모르지만, 언젠가는 할 수 있을 거라 믿는다.

엄마의 노하우
계란 지단 성공적으로 만들기
프라이팬이 너무 뜨거우면 눌어붙으므로 팬이 달아오르지 않게 약한 불에서 익히는 게 좋다.
계란을 풀 때 식초를 조금 넣으면 지단이 찢어지지 않고 깨끗하게 부쳐진다.

재료 밥 2공기, 양파 ½개, 당근 ½개, 계란 3개, 우유 4T, 감자 ½개, 식용유, 소금·후추 약간
데미글라스 소스 당근 2개, 양파 2개, 사과 1개, 토마토 페이스트, 우스터소스 140ML, 월계수 잎 2장, 토마토 간 것 200ML, 밀가루, 레드 와인 2T, 소금·후추 약간, 물 4컵, 버터 약간

1. 중간 불에서 버터를 녹이고 밀가루를 재빠르게 볶아준다.

2. 팬에 기름을 두르고 다진 양파를 볶다가 다진 사과와 당근도 함께 볶아준다.

3. 2가 어느 정도 익으면 토마토 페이스트, 우스터소스, 토마토 간 것, 물, 레드 와인을 넣고 끓여준다. 어느 정도 끓으면 월계수 잎 한 장과 후추를 넣고 중간 불에서 끓이다가 졸아든 후 1을 넣고 조금 더 끓여준다.

4. 3이 반 정도로 졸아들면 불을 끄고 식힌 뒤 체에 걸러주면 데미글라스 소스 완성이다.

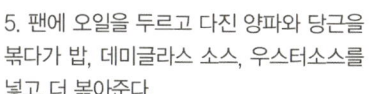

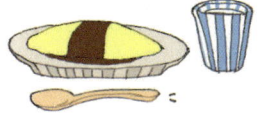

5. 팬에 오일을 두르고 다진 양파와 당근을 볶다가 밥, 데미글라스 소스, 우스터소스를 넣고 더 볶아준다.

6. 볼에 계란을 풀어주고, 우유를 넣은 뒤 소금으로 간한다.

7. 팬에 오일을 두르고 6의 계란 물을 넣고 가장자리가 살짝 익기 시작하면 5의 밥을 넣어 적당히 계란 옷을 입혀준다.

8. 그릇에 담고 데미글라스 소스를 뿌려 낸다.

마법의 굴소스는 못하는 게 없지요
오징어 굴소스 덮밥

쫄깃한 오징어의 식감과 달콤한 양파
그리고 굴소스를 밥과 함께 먹으니 이렇게 맛있을 수가!
내가 했지만 참 맛있구나,
감탄을 연발하며 한 그릇 뚝딱 비워냈다.

또래에 비해 요리하는 걸 좋아하는 편인 나는 친구들에게 곧잘 이런 질문을 받곤 한다. "간편하게 만들어 먹을 수 있는 요리 뭐 있어?" 부모님과 함께 생활하다가 직장생활 때문에 갑자기 혼자 살기 시작한 친구들 혹은 학생 때 기숙사에 살다가 이제 막 싱글살이를 시작한 친구들은 본인의 식사를 스스로 책임져야 한다는 사실을 적잖이 부담스러워 한다. 처음엔 이런 질문에 당황해서 횡설수설했지만 요즘엔 자신 있게 추천해주는 것이 하나 있으니, 바로바로 '굴소스'이다.

이미 많은 사람들이 '마법의 소스'라고 부르며 애용 중인 굴소스는 참으로 재주가 많은 기특한 녀석이다. 나 또한 굴소스 마니아, 아니 굴소스 예찬론자를 자처하며 다양하게 활용하고 있다. 나에게 굴소스란 TV 프로그램 「패밀리가 떴다」의 라면스프라고나 할까? 여기저기 아무 데나 넣어도 제법 그럴싸한 맛의 완성을 도와주는 훌륭한 녀석이다.

남은 야채를 다 썰어 넣고 굴소스를 넣어 볶아 볶음밥을 만들어주면 열에 아홉은 엄지손가락을 세울 정도로 맛있는 볶음 요리가 된다. 여기에 남은 고기를 넣어준다면 금상첨화겠지? 그리고 또 하나, 굴소스가 발군의 실력을 발휘하는 메뉴가 있으니 바로 '오징어 굴소스 덮밥'이다.

원래 매콤한 오징어 볶음을 무척 좋아해서 엄마에게 자주 해달라고 조르곤 했는데, 요리에 취미가 생기고부터는 내가 만들기 시작했다. 어느 날도 다른 때와 마찬가지로 고추장을 넣은 매콤한 볶음을 만들 생각으로 오징어를 한 손 사 와서 손질을 하고, 양파랑 파도 손질하고 있었다. 근데 불에 팬을 올리려는 순간, 고추장 대신 굴소스에 볶아 볼까, 하는 생각이 들었다. 오징어도 두 마리 사왔겠다 실패하면 다시 하지 뭐, 하는 마음으로 굴소스에 오징어와 야채를 볶고 녹말 물 붓고 뚝딱뚝딱 한 냄비를 만들어냈다. 한 국자 인심 좋게 퍼서 갓 지은 밥에 올려놓으니 모양새가 제법 그럴싸했다.

> 오징어 대신 새우나 소고기 등으로 응용해도 맛있는 10분 덮밥이 뚝딱 완성됩니다.

솔솔 풍기는 향기도 먹음직한 것이, 야채와 해물의 향기가 굴소스와 참 어울렸다. 그리고 한 숟가락 떠서 입안에 넣어 천천히 음미해보았다. 쫄깃한 오징어의 식감과 달콤한 양파 그리고 굴소스를 밥과 함께 먹으니 이렇게 맛있을 수가! 내가 했지만 참 맛있구나, 감탄을 연발하며 한 그릇 뚝딱 비워냈다.

이 책을 만들기로 결심하고 나서 요리 리스트를 작성할 때 가장 크게 신경을 쓴 부분이 '누구나 즐겁게, 그리고 가볍고 쉽게 만들 수 있는 요리'들이다. 그러니 이 오징어 굴소스 덮밥 또한 절대로 빼놓을 수 없는 필수 아이템이었다. 굴소스를 만나면 '요리, 그거 별거 아니군' 하는 자신감 충만한 기분이 들 것이다. 마법의 소스를 둘러주기만 하면 스스로 맛을 내니 말이다.

엄마의 노하우
오징어 쉽게 손질하는 법
내장 분리하기: 오징어의 다리가 붙어 있는 몸통의 아래쪽에 손가락을 집어넣어 내장이 붙어 있는 부분을 조심스럽게 떼어낸다. 몸통 안에서 떨어지는 느낌이 났다면, 다리 쪽을 잡고 터지지 않게 조심하면서 쭉 잡아당긴다.
오징어 껍질 벗기기: 내장을 분리한 오징어를 도마 위에 펼쳐놓고 깨끗한 행주나 키친타월로 쓱쓱 문질러준다. 신선한 오징어일수록 껍질이 잘 벗겨진다.

재료 오징어 한 마리, 양파 ½개, 브로콜리 ½개, 대파 약간, 굴소스 1T, 간장 1T, 청주 1T, 물 1.5컵, 녹말 2T, 참기름 약간, 소금·후추 약간, 식용유

1. 오징어를 먹기 좋은 크기로 손질하고, 브로콜리는 살짝 데친다.

2. 팬에 기름을 두른 뒤 양파를 먼저 볶다가 손질한 오징어도 함께 볶아준다.

3. 2가 어느 정도 익으면 파와 브로콜리도 넣고 함께 볶다가 소금과 후추로 적당히 간을 한다.

4. 3에 굴소스, 간장, 청주를 넣고 섞은 뒤 더 익히다가 물을 1컵 부은 뒤 조금 더 끓인다.

5. 4가 적당히 끓으면 녹말 2T와 물 ½컵을 섞은 녹말 물을 부어준다.

6. 5가 먹기 좋은 농도로 익었다 싶으면 참기름을 약간 넣는다.

마음까지 든든해지는
에그 베네딕트

따뜻한 잉글리시 머핀에 치즈, 햄을 얹고
수란과 소스까지 얹으니 보기만 해도 든든하다.
포크로 수란을 살짝 건드리니
노른자가 톡하고 터지며 흘러내린다.

뜨끈한 국물에 밥이 먹고 싶은 날이 있는가 하면 바삭하게 구운 토스트에 잼을 발라 커피와 먹고 싶은 날도 있다. 또 어떤 날은 계란 노른자를 덜 익힌 계란 프라이에 참기름과 간장을 넣고 싹싹 비벼 소파에 앉아 텔레비전을 보면서 먹고 싶기도 하고, 우유에 푹 담가 구운 프렌치토스트가 생각나는 날도 있다. 이것저것 무엇을 먹을지 고민이 되는 주말 아침, 며칠 전 이태원의 브런치 가게에서 먹은 메뉴가 번뜩 떠오른다. 구운 빵 위에 베이컨과 야채, 계란이 올라간 평범한 메뉴였는데, 특이한 점은 계란이 프라이가 아니라, 보들보들하고 안에 노른자가 안 익은 수란이었다. 집에 와서 이름을 찾아보니 '에그 베네딕트'였다. 레시피를 살펴보니 수란 만들기가 쉽지 않을 것 같았지만 늘 나의 식탐은 언제나 걱정과 게으름을 이기는 편이었고, 이번에도 어김없이 냄비에 물을 끓이고 있는 나를 발견했다.

식초를 넣으면 계란 흰자를 응고시켜주는 역할을 한댔지, 하며 혼자 중얼중얼 국자로 회오리를 일으키며 정확히 계란 3개를 계란국으로 변신시키는 실패를 거치고 나서야 예쁜 수란을 얻을 수 있었다. 보통 주방에서 20분이면 나만의 주말 브런치를 완성하곤 하는데, 이날은 40분가량 수란을 만드느라 낑낑거렸다.

그렇지만 홀랜다이즈 소스를 만들 때에는 즐거웠다. 좋아하는 영화인 「줄리 앤드 줄리아」에서 신나게 노란 소스를 만드는 주인공 줄리를 떠올리며 휘휘 신나게 저었다. 베이킹을 시작하고 휘핑하는 조리 과정에 재미를 붙인 이후로 소스 만들기는 전체 요리 과정에서 가장 즐거운 일 중 하나가 되었다. 레몬 향이 상큼하게 풍기는 홀랜다이즈 소스를 예쁘게 만들어진 수란 위에 얹고, 구운 아스파라거스까지 올려놓으니 이태원에서 먹은 브런치 못지않았다.

포크로 수란을 살짝 건드리니 노른자가 톡하고 터지며 흘러내린다. 홀랜다이즈 소스의 레몬 빛 노란색과 노른자의 색이 보기만 해도 식욕을 돌게 한다. 기름기 없이 보들보들하게 익은 흰자와 부드러운 노른자 덕분에 속이 참 든든하다.

프렌치 토스트도, 핫케이크도 무척 좋아하는 브런치 메뉴이지만 부드러우면서 든든한 건 에그 베네딕트만한 게 없는 것 같다. 혼자서 이런저런 많은 음식들을 해먹으면서도 '나중에 결혼해서 남편에게 해줘야지' 뭐 이런 생각은 잘 안하는 편인데, 에그 베네딕트는 꼭 한 번 해서 사이좋게 먹고 싶은 브런치 메뉴이다. 언제가 될지는 모르겠지만 말이다.

재료 잉글리시 머핀 2개, 햄 2장, 치즈 2장, 계란 2개, 식초 5T, 물 4컵
소스 계란 노른자 2개, 버터 80g, 물 1T, 후추 약간, 화이트 와인 1T, 소금 약간, 레몬즙 1T

1. 계란 노른자와 화이트 와인을 섞고, 노른자가 익지 않도록 저어가며 끓는 물에 중탕한다.

2. 녹인 버터를 1에 조금씩 넣어준 뒤 후추와 소금, 레몬즙을 넣고 휘핑하듯이 섞어준다(버터는 중탕하거나, 전자레인지에 40초 정도 돌려주세요).

3. 물 4컵에 식초 5T를 붓고 팔팔 끓이다가 국자를 이용해 시계 방향으로 휘휘 저어준다.

4. 따로 그릇에 담아두었던 계란을 회오리치게 한 물 가운데 살살 붓고 불을 중간 불로 줄여준다(계란 바깥쪽에서 국자로 계속 살살 회오리를 만들어주세요. 2~3분 정도 익히면 수란 완성입니다).

6. 잉글리시 머핀은 반으로 가른 후 기름기 없이 살짝 구워준다. 머핀 위에 구운 햄, 치즈, 수란을 올리고 홀랜다이즈 소스를 뿌려주면 완성! (기호에 따라 구운 야채를 곁들여도 좋아요).

recipe 3

봄엔 공원으로
여름엔 바다로
홈파티+피크닉 레시피

그 여름 그 바다를 추억해
스팸 무스비

이제 나에게 스팸 무스비는
20대의 마지막 여름 바다의 기억을 떠오르게 하는
추억의 아이템이 되었다.
아! 특별했던 나의 여름휴가 그리고 달콤한 간식, 스팸 무스비……

스팸과 주먹밥을 뜻하는 일본어 '오무스비(おむすび)'를 합친 단어인 스팸 무스비는 미국 대통령 오바마도 즐겨 먹는 간식이라고 알려져 유명세를 떨치고 있는, 일명 스팸 밥! 천덕꾸러기 군용 보급 통조림이 시초였던 스팸이 하와이 폴리네시아인들과 필리핀 사람들에게 호평을 받기 시작하고, 하와이에 살고 있는 일본인들에게까지 퍼져 인기 음식이 되어버린 것이 바로 스팸 무스비이다. 어업을 금지하자 스팸으로 대체 초밥을 만든 것이 그 시작이었다는데 맛이 뛰어나 이제는 하와이의 대표 메뉴가 되어버렸다. 하와이에서는 마트에만 가도 스팸 무스비를 쉽게 볼 수 있다고 하니 얼마나 대중적인 음식인지 짐작할 수 있겠다.

내 경우는 스팸을 원래 좋아했는데, 스팸을 가지고 도시락 메뉴를 궁리하다 새롭게 도전한 것이 바로 스팸 무스비이다. 한 번 만들어 보고는 귀여운 모양과 깔끔한 맛에 반해 지금은 피크닉 도시락에 빼놓지 않는 메뉴가 되었다. 그냥 구워서 흰 밥에 먹어도 꿀맛인 스팸이지만, 도톰하게 썰어서 달달한 간장 양념에 졸여 밥 사이에 끼워 먹으니 더 맛있다. 살짝 간한 밥에 치즈와 양념한 스팸을 끼워 김으로 싸 먹으면 일반 김밥과 색다른 맛을 경험할 수 있다. 올해 여름 나들이 때도 빼놓지 않고 스팸 무스비를 만들어 보았다. 바다에서 물놀이를 한 뒤에는 라면이나 치킨 등을 먹는 것이 보통인데 이번 여름엔 조금 특별한 간식을 먹어 보고 싶었다. 비록 하와이의 와이키키 해변은 갈 수 없지만 그곳에서 유명한 음식을 먹으면서 그곳의 시원한 바다를 떠올려 봐야겠다는 생각도 들었다.

　신나게 물에서 놀고 나온 뒤 스팸 무스비와 레몬을 띄운 시원한 맥주를 먹으니 동해 바다가 하와이보다 못할 이유가 없을 것 같았다. 짭짤한 스팸 무스비 한 입 베어 물고 맥주 한 모금 마시니 내가 정말 휴가를 떠나왔구나, 하는 실감이 나며 행복해지기까지 했다. 초 간단 요리 하나가 사람을 이리도 행복하게 만들 수 있다니 신기할 따름이다.
　여행지에서, 특히 바닷가처럼 보기만 해도 기분이 좋아지는 곳에서 무엇인들 맛이 없겠냐마는 이런 조그만 노력으로 한층 더 행복해질 수 있다니 만들기를 참 잘했다는 생각이 연거푸 들었다.
　특별한 음식은 늘 소중한 추억에 값진 기억을 하나 더하기 마련이다. 어떤 음악이 경험과 만나 인상을 남기면 그 후에 그 음악을 만나면 그때의 기억에 행복해지거나 감상에 잠기기 마련이듯, 음식도 같은 효과를 내는 것 같다. 이제 나에게 스팸 무스비는 20대의 마지막 여름 바다의 기억을 떠오르게 할 추억의 아이템이 되었다. 일상에서 자주 볼 수 있는 스팸이니 나는 더욱 그 여름, 그 바다가 자주 생각날 것 같다. 아! 특별했던 나의 여름 휴가 그리고 달콤한 간식, 스팸 무스비······.

재료 스팸 ½캔, 밥 2공기, 김 2장, 치즈 2장, 참기름 2T, 소금 약간
스팸 소스 간장 2T, 물 2T, 설탕 1T

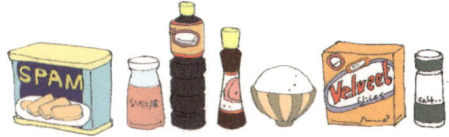

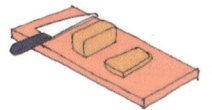
1. 8mm 정도 두께로 스팸을 자른다.

2. 자른 스팸을 팬에 올리고 그 위에 스팸 소스를 두른 후 졸인다.

3. 참기름 간을 한 밥을 준비하고, 치즈도 스팸 캔 사이즈로 자른다.

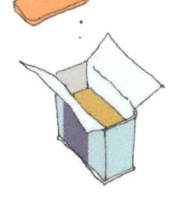 
4. 빈 스팸 캔에 랩을 깔고 밥을 반 정도 꾹꾹 담아 눌러준 뒤 치즈와 양념한 스팸을 넣고 다시 밥을 담아 눌러준다.

5. 4의 밥을 랩째 꺼내면 모양이 잡힌 채 꺼내지는데, 이를 김에 말아서 먹기 좋은 크기로 잘라준다.

센스 있는 여자라면
보슬보슬 소보로 밥

기타 소리에 밤이 깊어가고,
이야기꽃이 만발한 정겨운 파티를 좋아한다면,
빼놓을 수 없는 메뉴가 바로 보슬보슬 '소보로 밥'이다.

친구들과의 홈파티, 사랑하는 이와의 피크닉 때 먹는 음식만큼 맛있는 게 또 있을까? 나 또한 홈파티와 피크닉 음식들을 사랑한다. 같이 먹는 사람이 좋아서 맛있는 이유도 있지만, 사실 내가 좋아하는 음식 자체가 홈파티나 피크닉 메뉴로 잘 어울리는 편이기도 하다.

홈파티와 피크닉 음식을 차려낼 때 주안점을 두는 것은 맛도 맛이지만, 모양이다. 소중한 사람들과 하하 호호 즐기면서 먹을 음식이니, 그 어느 때보다 예쁘게 차려내야 한다는 것이 내 지론이다. 내가 말하는 홈파티는 말은 거창하지만 제대로 드레스코드를 갖추고 와인 잔에 고급 와인을 채우는 파티를 말하는 게 아니다. 그저 플라스틱 와인 잔에 코스트코 표 대용량 샴페인이나 맥주를 따르고 같은 취향의 음악을 크게 틀어 놓고, 지난 주 회사에서 겪은 일, 홍대 앞에서 우연히 좋아하는 밴드와 마주친 일, 특가 세일에 건진 가방 등에 관한 소소한 일상을 얘기하며 저녁 시간을 보내는 파티를 좋아한다. 이제 막 기타를 배우기 시작한 친구의 조금은 어설프지만 분위기 있는 기타 소리에 밤이 깊어가고, 이야기꽃이 만발한 그런 정겨운 파티 말이다. 이런 홈파티에 빼놓을 수 없는 메뉴가 바로 '소보로 밥'이다.

소보로 밥을 처음 맛본 건 도쿄 기치조지에 있는 '카페 요코'에서이다. 점심도 못 먹고 기치조지를 방황하다 일본의 브런치 카페가 소개된 책자를 보고 요코를 찾아갔다. 다른 메뉴를 고를 수도 있었지만 나는 일본어를 잘 몰라 책자에 소개된 그림 중 하나를 손가락으로 콕 짚어 주문했고, 그 메뉴가 바로 소보로 밥이었다. 달달한 양념을 한 고기가 소보로처럼 보슬보슬 볶아져서 밥 위에 얹혀 있었는데, 모양도 귀여웠고 무척 맛있었다.

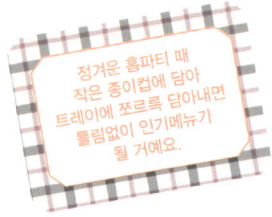

정겨운 홈파티 때 작은 종이컵에 담아 트레이에 쪼르륵 담아내면 틀림없이 인기메뉴가 될 거예요.

그 맛을 잊지 못해 한국에 돌아와서 일본 가정식 요리책도 사고, 인터넷 블로그와 카페를 뒤져가며 이런 저런 소보로 밥을 만들어 가며 나만의 레시피를 찾아갔다. 그 결과 닭고기보다는 소고기가 달달한 양념과 더 잘 어울렸다. 닭고기는 잘못하면 퍽퍽해질 수 있고 간도 소고기가 더 잘 배었다.

고기를 다지는 과정이 조금 귀찮지만 도시락 케이스에 켜켜이 재료들을 쌓으면 모양도 맛도 좋은 소보로 밥이 완성된다. 일회용 아이스커피 컵에 담아 뚜껑을 덮어 피크닉에 가지고 가면 센스 있는 여자라는 소리를 꼭 들을 만한, 강력 추천하는 메뉴랄까?

홈파티나 피크닉 때 참기름의 고소한 향이 가득한 밥에 야채를 올려 달달한 불고기 양념이 된 고기를 슥 비벼 먹는 초 간단 소보로 밥을 만들어 보자. 참석하는 사람의 이름을 스탬프로 찍어서 컵에 붙여주면 기분 좋은 칭찬을 덤으로 선물받게 될 것이다.

재료 다진 소고기 100g, 당근 ½개, 계란 2개, 파슬리 30g(치커리로 대체 가능), 밥 2공기, 참기름, 고추장 2t, 소금 약간, 식용유
소고기 양념 간장 1T, 소금 약간, 식초 1T, 설탕 2T, 참기름 2T

1. 다진 소고기에 소고기 양념을 모두 섞어 30분가량 재워둔다.

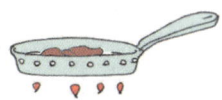
2. 1의 소고기를 팬에 익혀 살짝 식힌 후 더 잘게 다진다(위에 올릴 소보로를 만드는 과정으로, 보슬보슬한 고기 맛이 나게 하려면 최대한 잘게 다져야 해요).

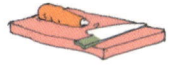 

3. 당근은 잘게 썰어 팬에 살짝 볶고 소금 간을 해주고, 계란을 삶은 뒤 노른자를 잘게 다져서 토핑으로 준비한다.

4. 밥에 참기름 2T와 소금을 넣고 잘 섞어준다.

5. 테이크아웃 용기에 밥을 살짝 깔고 밥-당근-밥-계란-밥-고추장-소보로 고기-파슬리나 치커리 순으로 올려준다. 고추장은 취향에 따라 넣는다.

이게 바로 셰프의 맛
아보카도 샌드위치

아보카도 샌드위치는 봄·가을 피크닉이나
친구들이 집에 놀러왔을 때 종종 내놓는 음식이 되었다.
'숲속의 버터'라는 아보카도, 이 녀석이 들어갔을 뿐인데,
일반 샌드위치에 비해 훨씬 고급스러운 맛이 된다.

몇 년 전에 지인에게 고마운 마음을 전할 일이 있었다. 뭔가 내 정성을 보여주고 싶은데 마땅한 것은 없어 고민하던 차에 떠오른 아이디어가 '정성 가득 도시락'이었다. '정성껏 만들어 예쁘게 포장해서 내 마음을 전달해 보자'라는 기특한 마음으로 메뉴를 구상했다.

요리에 자신은 없었지만, 도시락 하면 '아, 이거!' 하는 일반적인 메뉴는 싫었다. 그러던 차에 잡지에서 본 메뉴가 있었으니 그게 바로 '아보카도 샌드위치'였다. 아보카도라는 이국적이고 나름 고가의 과일을 이용한 샌드위치였는데, 일반 샌드위치 가게나 카페에서 쉽게 만날 수 없다는 점이 나의 관심을 확 끌었다. 당시 아보카도라고는 가끔 먹는 아메리칸 롤에 끼워져 있는 것을 먹어본 게 고작이었지만, 참 과감하게도 아보카도 샌드위치를 선물하기로 마음먹었다.

야무지게 싱싱한 아보카도 고르는 법까지 인터넷에서 검색하여 장을 보러 갈 정도로 야심 찼다. 내 손으로 처음 산 아보카도의 첫인상은? 못생겼다. 아니, 참으로 못생겼다! 처음 손질해보는 이 요상한 과일은 껍질을 다듬으면 과일로서의 면모를 드러낼 줄 알았더니만 속이 미끌미끌한 것이 영 이상하기만 했다. 향기롭고 상큼한 과일 향이라고는 찾아볼 수가 없었다. 근데 이게 과연 과일이 맞는 걸까, 하는 의심만 머릿속에 뭉글뭉글 떠올랐다. 그래도 일단 시작했으니 (게다가 더 이상 지체할 시간도 없으니) 일단 만들어보자고 마음먹고 깎고 썰고 손질하여 속성 만들기를 시작했다. 잡지에 나온 레시피 대로 만든 건 아니었지만 이 정도면 괜찮겠지 싶어 포장을 한 후 지인을 만나러 나섰다.

간단히 종이 포장지에 리본만 두르고 나간 터라 지하철에서 망가질까, 행여나 구겨질까 샌드위치를 애지중지하며 고이고이 들고 갔던 기억이 난다. 지금 생각해보면 박스나 바구니 포장을 했으면 더 예쁘고 더 수월했을걸 싶다. 하지만 당시에는 모든 게 처음이어서 전혀 생각을 못했었다는…….

어쨌든 못생긴 포장이었지만, 나는 그분께 샌드위치를 수줍게 내밀었다. 그제야 다급한 마음에 샌드위치 맛도 안 보고 포장했다는 게 생각이 났지만, 이미 버스는 지나간 후였다. 그저 자신 없는 목소리로 "맛있을지 모르겠어요"라고 속삭이듯 이야기했다.

정말 자신이 없었다. 아니 걱정이 됐다. 하지만 얼마 후 다시 만난 지인에게 정말로 고마운, 그리고 기쁜 이야기를 들었다. 여태껏 먹어본 샌드위치 중에 가장 맛있었다고……. 아마 뛸 듯이 기쁘다는 표현은 그때의 상황을 두고 하는 말일 것이다. 기분이 어찌나 좋던지.

나는 다시 아보카도를 사 가지고 집에 왔다. 그리고 속 재료를 다시 만들어 이번엔 나를 위한 샌드위치를 만들어 보았다. 오오오, 그런데 내가 만들어서가 아니라 정말 맛있는 거다. 크래미와 아보카도가 적절히 어울리면서 나는 진한 맛이 마치 멋진 하얀 모자를 쓴 셰프가 만든 샌드위치 같은 게 아닌가!

그 후로 자신감이 붙어서일까? 아보카도 샌드위치는 봄·가을 피크닉이나 친구들이 집에 놀러왔을 때 종종 내놓은 음식이 되었다. '숲속의 버터'라는 아보카도, 이 녀석이 들어갔을 뿐인데, 일반 샌드위치에 비해 훨씬 고급스러운 맛이 된다. 일반 클럽 샌드위치에 식상해졌을 때, 혹은 조금 더 멋스러운 샌드위치를 만들고 싶을 때는 두 번 생각할 것 없이 아보카도 샌드위치를!

엄마의 노하우

신선한 아보카도 고르기
같은 크기더라도 꼭 들어보고 무거운 것을 고른다. 껍질의 색이 녹색에서 약간 검게 변할 때가 가장 좋고, 손으로 쥐어 봐서 조금 탄력이 느껴지는 것을 고른다.

아보카도 손질법
길이가 긴 쪽으로 칼을 넣어 반으로 자른다. 칼집을 넣은 후 살짝 비틀거나 돌리면 반으로 자르기 쉽다. 칼이나 숟가락으로 가운데 씨를 빼준다.

아보카도 보관법
종이로 감싸 실온에 보관하면 빨리 익는다. 냉장고에서 2~3일간 보관이 가능하며, 껍질을 벗긴 후에는 레몬즙을 뿌려두면 갈변을 방지할 수 있다.

재료 곡물 빵, 크래미 100g, 캔 옥수수 3T, 피클 다진 것 약간, 마요네즈 3T, 소금·후추 약간, 아보카도 ½개, 로메인이나 치커리 등의 샐러드용 채소 약간, 토마토 ½개, 버터

1. 잘게 손질한 크래미를 옥수수와 피클, 소금, 후추, 마요네즈와 한 볼에 넣고 버무린다.

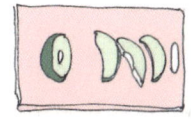

2. 아보카도와 토마토를 먹기 좋은 크기로 자른다.

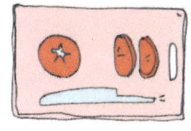
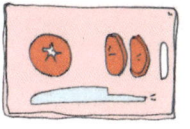

3. 빵에 버터를 약간 바르고 로메인이나 치커리 등을 올린다.

4. 3에 토마토를 올리고 1을 먹기 좋게 펴서 올린다.

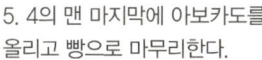

5. 4의 맨 마지막에 아보카도를 올리고 빵으로 마무리한다.

짜잔! 너를 위해 준비했어
미니 홈파티용 참 스테이크

마음이 통하는 사람끼리, 마음이 가는 사람끼리,
테이블에 마주 앉아 서로의 이야기를 나누면서
맛있는 음식을 나누어 먹는 것,
그게 바로 진정한 파티가 아닐까?

좋아하는 사람을 위해 음식을 만드는 것만큼 행복하고 뿌듯한 일도 세상에 없다. 나 역시 그런 걸 좋아해서 어릴 때부터 친구들을 위해 초콜릿을 만들고, 남자친구를 위해 도시락 싸는 일들을 즐겨왔다. 특히 특별한 날에 하는 홈파티를 정말 좋아한다. 나의 소중한 사람들을 위해 어설프지만 파티플래너 겸 셰프가 될 수 있으니 왜 아니 즐겁겠는가. 그날 하루만큼은 우리 집 주방의 마사 스튜어트가 되는 거다. 그녀처럼 자신감 있고 생기 넘치는 식탁을 만들 수 있다고 생각하고, 꼭 거창한 메뉴가 아니더라도 소박하지만 내가 잘 만들 수 있는 음식으로 꾸미면 되는 것이다.

나의 첫 홈파티는 정작 우리 집이 아닌 친구들과의 여행지에서 한 파자마 파티였다. 역시나 이벤트를 좋아하는 내가 주체가 되어 장도 보고 이것저것 챙겼고, 심지어 예쁘게 세팅할 그릇까지 준비해 갔었다. 메뉴는 지금 생각해보면 어설프고 모자란 듯한 느낌의 새우 파스타와 치킨 샐러드였다. 평소에 패밀리 레스토랑에서 숱하게 먹던 치킨 샐러드와 파스타가 그날, 그 파자마 파티에서는 왜 그렇게 맛있었는지 모르겠다. 분명한 건 그때 서로 의상을 맞춰 입고, 달달한 싸구려 와인을 마시며 떠들어댔던 그 시간이 너무 즐겁고 행복했다는 것이다. 엇비슷한 실력이었을 텐데도 친구들은 나에게 훌륭한 요리사라며 엄지손가락을 치켜세워줬고, 난 보람까지 느끼며 즐거운 우리들의 파티를 즐겼다.

사실 파티라는 건 이름이 거창해서 그렇지 별것 아니라고 생각한다. 마음이 통하는 사람끼리, 마음이 가는 사람끼리, 테이블에 마주 앉아 서로의 이야기를 나누면서 맛있는 음식을 나누어 먹는 것, 그게 바로 진정한 파티가 아닐까? 그 순간만큼은 그 어떤 시름도 잊힐 테니 말이다.

깍둑썰기한 소고기를 야채와 함께 적당히 육즙이 흐르게 볶아주고, 크루아상 사이에 햄과 치즈 정도만 끼워줘도 이미 파티 음식은 완성이다. 즐거운 파티에선 평소보다 술을 더 마실지도 모르니, 간단한 카나페나 과일 꼬치를 더 준비해도 좋다. 직접 만든 컵케이크가 있다면 더 훌륭하겠지만 밖에서 공수해온 작은 컵케이크는 파티 분위기를 제대로 내주는 일등공신이다. 아껴두었던 와인 잔도 꺼내고, 조물조물 손으로 만든 파티플래그까지 주방 한편에 달아주면 미니 홈파티 풀 세팅 완성! 그 다음엔 그저 왁자지껄 떠들며 즐기기만 하면 된다.

재료 소고기 채끝살 250g, 소금·후추 약간, 올리브유 약간, 초록색 파프리카 ½개, 빨간색 파프리카 ½개, 양파 ½개, 버터 약간
소스 스테이크 소스 2.5T, 간장 1.5T, 올리고당 1t, 후추 약간

1. 소스 재료들을 분량대로 볼에 담아 잘 섞어준다(취향에 따라 간장 대신 케첩을 넣어도 좋아요).

2. 채끝살을 2cm 정도로 깍둑썰기 하고, 소금과 후추로 밑간을 한다.

3. 파프리카와 양파를 먹기 좋은 크기로 적당히 썰어둔다.

4. 팬이 적당히 달궈지면 버터를 두르고 고기를 재빠르게 익혀준다.

5. 고기를 살짝 익힌 후 야채들을 넣고 센 불에 볶는다.

6. 5에 소스를 붓고 적당히 간이 배이게 볶는다(고기가 완전히 익지 않고 육즙이 어느 정도 흐르게 볶아줘야 맛있어요).

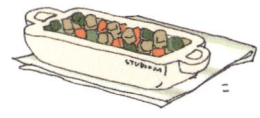

신나는 피크닉 놀이

닭봉 구이와 새우 홍시 샐러드

푸른 잔디가 펼쳐지고 나뭇잎이 바람에 살랑살랑 흔들리고,
하늘은 너무나 맑다. 그런 곳에서라면 어떤 음식도 꿀맛이다.
맥주도 술술 잘 넘어가고 햄버거만으로도 산해진미 부럽지 않다.

나는 피크닉을 무척 좋아한다. 그렇다고 영화나 광고에서 보던 나무로 짠 바구니에 체크무늬 매트를 깔고 우아하게 봄을 만끽하는 피크닉을 말하는 건 아니다. 친구와 영화를 예매하고 남는 시간에 영화관 옆 마트에 가서 마트표 도시락과 캔 맥주를 사서 근처 공원 벤치에 앉아 자연을 느끼며 주말의 여유를 즐기는 소소한 소풍이 내가 진정 사랑하는 피크닉이다. 냉장고를 열었는데 눅눅해지기 직전의 김과 참치가 보인다면 참치와 단무지 정도만 들어간 초 간단 참치 김밥을 만들어 남산에 간다. 서울이 한눈에 내려다보이는 풍경을 감상하며, 벤치에 앉아 먹는 김밥 맛은 참 좋다.

술을 좋아하는 편인데 특히나 낮술을 좋아한다. 젊은 처자가 낮술을 좋아한다고 하니 좀 의아하게 생각할 수도 있겠지만 그 배경에는 피크닉이 있다. 공원 옆 햄버거 가게에서 햄버거를 사 가지고, 편의점에 들러 좋아하는 맥주를 고르고 늘 가지고 다니는 작은 피크닉 매트를 들고 공원으로 향한다. 푸른 잔디가 펼쳐지고 나뭇잎이 바람에 살랑살랑 흔들리고, 하늘은 너무나 맑다. 그런 곳에서라면 어떤 음식도 꿀맛이다. 맥주도 술술 잘 넘어가고 햄버거만으로도 산해진미 부럽지 않다. 맥주 한 캔을 비우고 나면 살짝 기분이 좋아지고, 공원의 풍경이 더 아름답게 보인다. 그럴 땐 엉덩이를 털고 기분 좋게 일어나 공원을 산책한다. 운동하는 젊은 여성, 데이트하는 노부부, 유모차에 아이를 태워 데리고 나온 주부, 자전거 타는 소년들을 구경하다 보면 공원에서 보내는 주말 오후가 새삼 더 특별하게 느껴진다. 회사에 다니는 평일에는 즐길 수 없는 한낮의 여유, 그 여유에 취해 실실 웃음도 난다.

내가 특히나 좋아하는 공원이 몇 곳 있는데, 도시락을 싸서 가기엔 올림픽공원이 제일 좋다. 일단 공원이 매우 크고, 피크닉을 즐기는 사람들도 많아서 피크닉 자체가 부끄러울 일도 전혀 없다. 무엇보다 무척 아름다워서 내가 제일 좋아하는 공원이기도 하다.

그리고 상암월드컵공원과 어린이대공원도 좋아한다. 월드컵공원은 집에서 가까워 가장 자주 가는 공원으로, 가볍게 벤치에 앉아 도시락을 먹기 참 좋다. 어린이대공원은 벚꽃놀이할 때 가면 빛을 발하는 장소! 물론 사람들이 정말 많지만 평일에 가면 이런 낙원이 있구나 싶을 정도로 예쁜 봄이 펼쳐진다.

피크닉을 갈 때 팁이 있다면, 굳이 음식을 다 만들 필요는 없다는 점! 그렇다고 파는 것만 사 가져가면 맛과 재미가 떨어지니 약간 모자란다 싶게 한두 가지 정도 만들고, 밖에서 파는 샐러드나 햄버거 또는 샌드위치 등을 곁들이면 풍족하고 몸도 힘들지 않은, 맛있고 현명한 피크닉을 즐길 수 있다. 은근히 도시락 싸다 이내 지쳐버려 '다신 안 해!' 하고 질려하는 분들이 많은데, 즐기기 위한 소풍이니 예쁘고 맛있는 도시락도 중요하지만 마음이 편한 게 제일 중요한 것 같다. 부담되지 않을 정도로만 적당하게 준비하자!

닭봉 구이

 재료 닭봉 10개, 우유 150ML
양념소스 양파 ½개, 간장 3T, 설탕 3T, 청주 1T, 식초 0.5T, 소금 · 후추 약간, 마늘 2쪽

 1. 마늘과 양파를 곱게 다지고 분량의 양념을 잘 섞어둔다.

 2. 닭의 잡냄새를 없애기 위해 우유에 30분간 담가둔다.

 3. 우유에 담가두었던 닭봉을 꺼내 양념에 20분 정도 재워둔다.

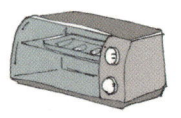 4. 180도로 예열해 둔 오븐에서 닭봉을 30~40분가량 잘 구워준다.

새우 홍시 샐러드

 재료 새우 약간, 샐러드용 채소 50g, 빨간색 파프리카 약간, 노란색 파프리카 약간, 화이트 와인 2T, 레몬즙 ½T, 소금·후추 약간, 홍시 2개, 플레인 요거트 1.5개, 아몬드 슬라이스 약간

 1. 새우는 끓는 물에 살짝 데친 뒤 손질해둔다.

 2. 화이트 와인에 레몬즙과 소금, 후추를 섞고 새우를 담가 냉장고에 10분 정도 둔다.

 3. 샐러드용 채소를 먹기 좋은 크기들로 손질한다.

 4. 홍시와 요거트를 믹서에 같이 갈아준다.

5. 샐러드용 채소를 용기에 담고 새우와 아몬드 슬라이스, 파프리카를 보기 좋게 담는다.

6. 드레싱은 용기에 따로 담아가 먹기 직전에 뿌려낸다.

내가 사랑하는 가을이에요
앨리스 공원의 크림치즈 머핀

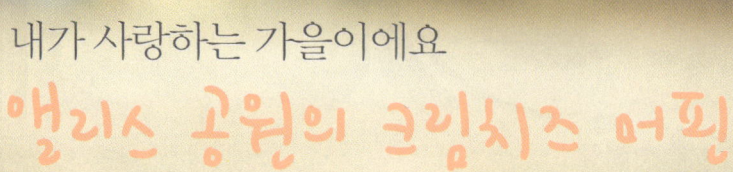

갓 구워온 머핀과 홍차를 함께 먹으며
공원에 앉아 책도 읽고, 지나가는 사람도 구경하고
떨어지는 은행잎을 보고 있으니 가을이구나 싶다.
그리고 마음에 온기가 차오른다.

봄과 가을에 공원에서 보내는 시간은 참 즐겁고 행복하다. 그래도 두 계절의 차이가 있다면 봄은 꽃이 주는 아름다움이 있다는 점이다. 4월 초 벚꽃을 보며 피크닉을 즐길 수 있는 공원이란 매년 가도 질리지 않고, 그곳에 서 있는 그 순간마저도 아쉽게 느끼게 하는 특별한 힘이 있다. 5월의 공원은 1년 중에 초록색이 가장 예쁠 때이다. 개인적으로 드라이브 하기 가장 좋은 계절이라고 생각한다. 창문 밖으로 움직이는 초록이들이 너무 싱그러워서 입가에 절로 미소가 지어지고 행복해진다. 물론 공원은 말할 것도 없다. 푸른 하늘과 초록빛 나무들과 잔디밭은 핸드폰 카메라만 들이대도 멋진 사진이 된다.

그렇다면 가을의 공원은 어떨까? 많은 사람들이 가을은 쓸쓸한 계절이라고 한다. 아무래도 만개했던 꽃들은 사라지고, 푸르렀던 나무들 역시 색이 바래고 잎이 떨어져 그렇게 느끼는 듯하다. 거기에 쌀쌀한 날씨까지 한몫해서 사람들의 마음을 쓸쓸하게 한다.

하지만 내 생각은 조금 다르다. 오히려 봄의 공원이 시원한 느낌이고, 가을의 공원은 따뜻하다. 봄은 초록색이 하늘과 만나 푸른색을 이뤄 잔디에 누워 있으면 시원해진다. 가을은

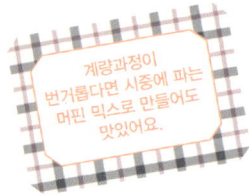
계량과정이 번거롭다면 시중에 파는 머핀 믹스로 만들어도 맛있어요.

노란 은행잎이 나무에도 한가득이지만, 바닥에도 한가득이다. 그리고 그 위를 걸으면 마치 낙엽이 내 발을 감싸주는 듯한 느낌을 준다. 양재동 문화예술공원의 가을은 특히 그렇다. 앨리스 공원이 조성되어 있는 문화예술공원에는 서울에서 보기 힘든 메타세쿼이아 길이 있다. 메타세쿼이아 길은 봄이나 여름에도 낭만이 있지만, 노란 잎으로 물든 가을에는 특히나 장관이다. 다른 공원보다 나무들의 키가 월등히 높아 이국적인 느낌까지 주는 앨리스 공원!

노랗게 감싼 길을 걸어 나가면 또 넓은 공원이 펼쳐지고, 그 주위를 키다리 나무들이 둘러싸고 있다. 아이와 산책하는 가족들을 보며 벤치에 앉는다. 귀여운 벤치들이 띄엄띄엄 자리 잡고 있는데 가을을 감상하기에 참 좋은 위치에 있다. 그리고 준비해 온 무릎담요를 꺼내고 홍차와 직접 구워 온 머핀도 꺼낸다.

가을이 오면 여름에는 멀리했던 오븐과 친해지게 된다. 오븐의 온기와 베이킹할 때의 맛있는 냄새가 가을과 어울려서일까? 갓 구워 온 머핀과 홍차를 함께 먹으며 공원에 앉아 책도 읽고, 지나가는 사람도 구경하고 떨어지는 은행잎을 보고 있으니 가을이구나 싶다. 마음에 온기가 차오른다. 가을이 주는 노랗고 붉은 색감이 입안으로 넘어가는 홍차와 함께 가을만의 온기를 가져다주는 것 같다. 그래서인지 내게는 어떤 계절보다 따뜻한 계절이 가을이다. 봄에는 맛있는 도시락과 맥주를, 가을에는 따듯한 홍차와 머핀을…… 이 작은 준비만으로도 모르고 지나쳤던 여유가 생기고, 조금 더 따스한 시선으로 주말을 보낼 수 있다.

재료 박력분 150g, 크림치즈 150g, 버터 80g, 베이킹파우더 1t, 설탕 100g, 계란 2개, 바닐라 익스트랙트 1t

1. 버터와 크림치즈를 실온에 30분 정도 두고 살짝 녹인 뒤, 함께 휘핑한다. 어느 정도 섞이면 설탕을 두세 번 나누어 넣으면서 같이 휘핑한다.

2. 1에 계란 노른자를 넣고 먼저 휘핑한 다음, 흰자도 휘핑한다.

3. 체에 걸러둔 박력분과 베이킹파우더, 바닐라 익스트랙트를 넣고 주걱으로 섞어준다. 취향에 따라 견과를 넣어도 좋다.

4. 유산지를 깔아둔 머핀 틀에 반죽을 80퍼센트 정도 채운다.

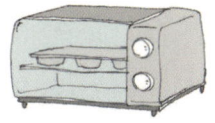

5. 180도로 예열해둔 오븐에서 20분간 구워내면 완성!

엄마가 더 좋아하는
인심 좋은 호두 파운드케이크

매우 간단하고 쉬워서
베이킹 초보도 실패 없이 만들 수 있는 파운드케이크는
안에 넣는 재료에 따라
맛이 변신하는 멋진 케이크이다.

음식 만들기를 좋아한다고 하면서도 엄마를 위한 음식을 만드는 건 가뭄에 콩 나듯 드물다. 엄마에게 만들어드린 음식이 몇 가지 되지도 않지만 그중에서 우리 엄마가 제일 좋아하는 건 바로 파운드케이크이다.
처음 오븐을 샀을 때만 해도 또 뭐를 샀느냐며, 시집갈 때 다 가져가라며 면박을 주셨다. 더운 여름 땀을 뻘뻘 흘리며 오븐을 돌리는 내 모습이 분명 마음에 들지 않으셨을 것이다. 엄마의 구박 속에서도 굴하지 않고 그 뜨거운 여름 오븐 속에서 빵이 부풀고 쿠키가 구워지는 과정을 반복하다 보니 이제 제법 기본적인 베이킹은 할 수 있게 되었다.
처음 만들었던, 오묘한 맛의 쿠키 앞에서 좌절한 내 모습을 보신 엄마는 "그냥 사 먹어, 전기도 아깝고, 저 설거지 봐라" 하고 나무라셨다. 그런데 언제부터인가 내 옆에서 갓 구워 나온 쿠키를 집으려고 서 있는 엄마를 발견하게 되었다. 집 안 가득 맛있는 냄새가 진동하는 베이킹을 원래 좋아하긴 했지만 엄마가 좋아하는 모습을 보니 요즘은 더 좋아지고 있다.
다른 음식할 때는 딱 정량만 하는 내가 베이킹을 할 때는 마포 큰손 할매 못지않게 인심이 넉넉한 파티시에가 되고 만다. 은근히 이모들에게, 친구들에게 음식 나눠주는 걸 좋아하시는 엄마를 위해서 말이다.

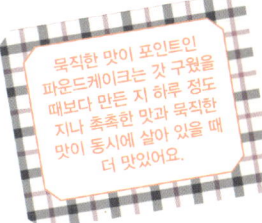

묵직한 맛이 포인트인 파운드케이크는 갓 구웠을 때보다 만든 지 하루 정도 지나 촉촉한 맛과 묵직한 맛이 동시에 살아 있을 때 더 맛있어요.

간단하고 쉬워서 베이킹 초보도 실패 없이 만들 수 있는 파운드케이크는 안에 넣는 재료에 따라 맛이 변신하는 멋진 케이크이다. 호두를 좋아해서 알 굵고 실한 호두를 아낌없이 반죽에 넣는다. 그리고 오븐에 구우면 고소한 호두 향 가득한 호두 파운드케이크가 된다. 블루베리를 넣으면 상큼한 향이 진동하는 블루베리 파운드케이크가 되고, 건 과일을 넣으면 후르츠 파운드케이크가 되니 참 착한 메뉴가 아닌가.
이 파운드케이크는 아메리카노보다는 다방커피랑 먹는 걸 개인적으로 더 선호한다. 단 케이크라 씁싸래한 아메리카노가 제격이지 하고 생각할 수도 있지만, 달콤한 커피와 함께 먹으면 은근히 그 단맛이 더 살아나는 것 같다. 맛있게 구워, 도톰하게 썰어서 엄마와 함께 오순도순 즐거운 커피 타임을 즐겨보자.

재료 박력분 180g, 버터 150g, 설탕 150g, 계란 3개, 베이킹파우더 ½T, 소금 약간, 호두 한 줌

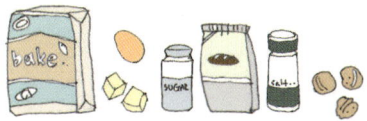

1. 실온에 2시간가량 두어 말랑말랑해진 버터를 휘핑한다.

2. 풀어진 버터에 설탕과 소금 약간을 넣고 휘핑한다.

3. 2에 계란이 겉돌지 않게 한 개씩 넣으면서 휘핑한다.

4. 3에 베이킹파우더와 체에 쳐두었던 박력분을 넣어 주걱으로 잘 섞어준다.

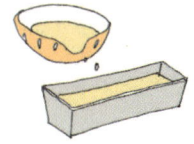
5. 180도로 예열한 오븐에 호두를 5~10분 정도 구워준 뒤 구워진 호두를 4의 반죽에 넣는다.

6. 파운드케이크 틀이나 일회용 용기에 70퍼센트가량 붓고 평평하게 만들어준 뒤 가운데에 칼집을 낸다.

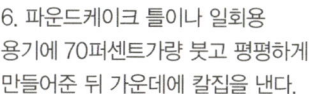

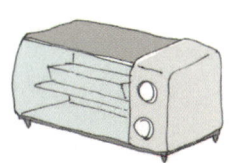

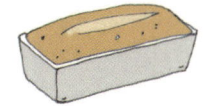
7. 180도로 예열한 오븐에서 35~40분가량 구워주면 완성!

뭐 이런 맛이 다 있어
콜드 파스타

처음에 꺼려하던 그 친구도
그 뒤론 "나 콜드 파스타 또 먹고 싶어" 하고
먼저 주문하는 것을 보면
정말 마성의 매력이 있긴 한 것 같다.

처음 파스타에 입문했을 때만 해도 토마토소스 파스타, 크림소스 파스타 이렇게 딱 두가지 종류만 있는 줄 알았다. 그러다가 오일 파스타를 알게 되었고 나름대로 파스타에 대한 개인적인 취향도 생기게 되었다. 이제 웬만한 파스타들은 다 먹어보았군 하고 자신이 붙었을 때쯤 콜드 파스타를 먹어보게 되었고, 아직 내가 모르는 맛이 많구나 하는 생각이 들었다.
처음 콜드 파스타를 맛본 건 발사믹 드레싱에 버무린 것이었다. 발사믹 특유의 새콤한 맛이 리본 파스타와 참 잘 어울렸다. 그동안 따뜻하게 팬에 볶여 나온 파스타만 먹다가 소스에 버무려 나온 파스타를 맛보니 신선한 감동까지 일었다. 그 맛에 반해 레시피를 찾아 셰프놀이를 시작했고, 이것저것 만들어 보고서야 내 입에 꼭 맞는 콜드 파스타를 먹을 수 있었다. 새콤한 맛을 그다지 좋아하지 않는 편이라 발사믹을 소량만 넣고, 좋아하는 오일 파스타 맛을 생각하며 매우 간단한 방법으로 만들었는데 생각보다 맛있는 게 아닌가. 그 뒤론 여름만 되면 밀폐용기 한가득 만들어 냉장고에 넣어두고 출장할 때마다 꺼내 먹는 나만의 '완소' 메뉴가 되었다.
어느 날씨가 좋았던 주말, 올림픽공원으로 소풍 가던 날 도시락 한 통 가득 콜드 파스타를 담아 갔다. 토마토와 바질 잎, 파스타 면만 들어갔지만 만들면서도 계속 집어 먹었을 정도로 맛있게 잘 만들어졌다. 피크닉 매트 위에 자신 있는 손놀림으로 당당히 콜드 파스타를 꺼내 놓았는데, 같이 간 친구가 '이게 뭐니?' 하는 눈빛으로 먹는 걸 두려워했다. 그도 그럴 것이 기존의 파스타와는 생긴 것도 다르고 처음 먹으면 간이 밍밍해 '뭐 이런 맛이 다 있어' 할지도 모르는 심심한 맛이다. 하지만 장담하건데 어느 순간 열심히 파스타 면을 집어 먹고 있는 자신을 발견할 수 있을 것이다. 심심한 그 맛이 오히려 매력으로, 질리지 않고 계속 끌리는 맛이 있는 마법의 파스타니까. 집에서 한밤중에 배고파 소면을 삶아 간장과 설탕 간만 해서 먹었는데, 별것 아닌 그 담백한 맛에 반해 계속 먹게 되는 것과 같은 이치라 할 수 있겠다.

음식, 생긴 것으로 판단하지 말길. 낯설고 어쩐지 바로 손이 가지 않게 생겼더라도 의외로 마성의 매력을 가지고 있을지도 모르니 말이다. 처음에 꺼려하던 그 친구도 그 뒤론 "나 콜드 파스타 또 먹고 싶어" 하고 먼저 주문하는 것을 보면 정말 마성의 매력이 있긴 한 것 같다.

재료 푸실리 면 120g, 방울토마토 8~10알, 바질 잎 약간, 양파 ½개, 올리브 약간
소스 올리브유 2T, 발사믹 식초 ½T, 피넛 버터 ½T, 다진 마늘 약간, 소금·후추 약간

1. 푸실리 면을 8~10분 정도 삶아준다 (면을 삶을 때는 기름과 소금을 약간씩 넣어주세요).

2. 볼에 식힌 푸실리 면을 담고, 방울토마토와 슬라이스한 양파, 다진 올리브를 넣고 소스 재료와 함께 버무린다.

3. 2를 소금과 후추로 간을 한다 (차갑게 식히면 맛이 살짝 진해지니 소금 양에 주의하세요).

4. 완성된 파스타를 냉장고에 넣어 차게 식힌다.

5. 먹기 직전에 바질 잎을 넣고 한 번 더 버무리면 완성!

미니 돈가스가 그리울 땐
고로케 모둠 도시락

내 유년 시절 그 미니 돈가스와 비슷한 모양의 고로케를 만들었다.
맛은 많이 다르지만, 모양이 비슷해서일까?
만드는 내내 그때 그 시절 꼬꼬마 여자 아이였던 내 모습이 떠올라
입가에 미소가 가시지 않았다.

급식을 시작한 중학교 3학년 전까지는 매일 엄마가 싸주신 도시락을 가지고 다녔다. 봄·여름·가을에는 플라스틱 도시락을, 겨울에는 보온 도시락 손에 들고 명랑하게 걷던 그때 그 시절 도시락에 얽힌 추억은 누구나 하나씩 있을 것이다. 사실 벌써 15년도 더 된 일이니 기억이 가물가물하긴 하지만 그래도 선명하게 남아 있는 기억 중의 하나가 나의 '편식 편력'이다. 서른이 다 되어 가는 지금도 일명 '초딩 입맛'으로 유명한데 그때 그 시절에는 오죽했을까? 편식 대마왕이었던 나의 도시락 싸기는 엄마에게 늘 고역 같은 일이었을 것이다. 가끔 가다 마땅한 반찬이 없어 시금치 나물이라도 싸 주면 예외 없이 반찬은 손도 안 대고 밥만 먹고 고스란히 가지고 오는 까다롭고 유별난 아이가 바로 나였다. 엄마도 나중에는 골고루 먹이는 것을 포기하시고 내가 먹는 반찬들만 왕창 만들어 두고 한동안 그것만 싸주기까지 하셨다.

도시락을 혼자 먹는 경우는 별로 없다. 대부분 친구들끼리 모여서 먹고, 새 학년이 시작될 때 배치받은 자리에서 만난 친구들끼리 친해져 1년간 도시락 멤버가 되기도 한다. 여럿이 먹다 보면 맛있는 반찬을 싸 온 친구도 있고, 손이 안 가는 반찬을 싸 온 친구도 있었다. 그나마 중학생이 되고부터는 제 딴에는 어른이라고 그런 거에 신경 안 쓰고 골고루 서로의 반찬을 나눠 먹으며 이런저런 얘기를 하며 우정을 쌓았지만, 초등학교 시절은 조금 달랐다. 그 당시 우리 부모님은 맞벌이를 하셨고 나는 할머니의 손에 키워졌다. 할머니의 도시락이란 젊은 엄마들이 싸주는 도시락과는 확연히 달랐다. 계란찜이나 파가 송송 들어간 계란부침에 마늘쫑 장아찌가 반찬이었다. 지금 생각해보면 생각만으로도 군침 도는 무척 좋아하는 반찬들이지만 당시 나는 열 살짜리 여자아이였고, 그런 반찬이 너무 싫었다.

문제는 내 짝꿍 남자아이였다. 그 애는 돈가스는 돈가스인데 500원짜리 동전만 한, 귀엽게 생긴 돈가스를 도시락 가득 담아오곤 했다. 그러고는 그 위에 케첩을 쓱 뿌리고는 내 앞에서 '맛있겠지?' 하며 마구 놀려댔다. 지금 생각하면 내 도시락이 훨씬 정성이 들어간 도시락이었지만, 그때 나는 그 인스턴트 돈가스 반찬이 부러워서 도시락을 먹지도 않고 덮어버린 다음에 집에 와서 도시락 통을 던지며 '안 먹어' 하고 소리치며 엉엉 울었던 기억이 난다. 물론 집에 와서 징징된 결과로 나도 그 앙증맞은 미니 돈가스를 내 도시락 통에서 머지 않아 만날 수 있었지만.

얼마 전, 어린 시절 추억에 젖어 그 미니 돈가스가 어찌나 먹고 싶던지, 동네 마트로 한걸음에 달려갔다. 그런데 아무리 뒤져도 미니 돈가스가 안 보이는 게 아닌가. 서운한 마음에 집으로 돌아와 내 유년 시절 그 미니 돈가스와 비슷한 모양의 고로케를 만들었다. 맛은 많이 다르지만, 모양이 비슷해서일까? 만드는 내내 그때 그 시절 꼬꼬마 여자 아이였던 내 모습이 떠올라 입가에 미소가 가시지 않았다. 나중에 나에게도 그만한 딸아이가 생기면 꼭 한 번 도시락 반찬으로 만들어주자는 야무진 각오를 다지며 고소하고 든든한 고로케를 꼭꼭 씹어본다.

재료 중간 크기 감자 2개, 옥수수 통조림 2T, 파프리카 ½개, 양파 ¼개, 계란 2개, 소금 ½T, 후추 약간, 식용유, 밀가루, 빵가루

1. 감자를 삶아 뜨거울 때 으깬 뒤, 옥수수 통조림, 다진 파프리카, 양파를 넣어준다.

2. 1을 적당히 섞은 후 소금과 후추를 넣고 치댄다.

3. 2를 둥글게 빚는다.   4. 3을 밀가루–계란 물–빵가루 순으로 튀김 옷을 입히고 팬에 기름을 두르고 굽듯이 튀겨준다.

5. 키친타월로 기름을 적당히 빼준 뒤 맛있게 먹는다.

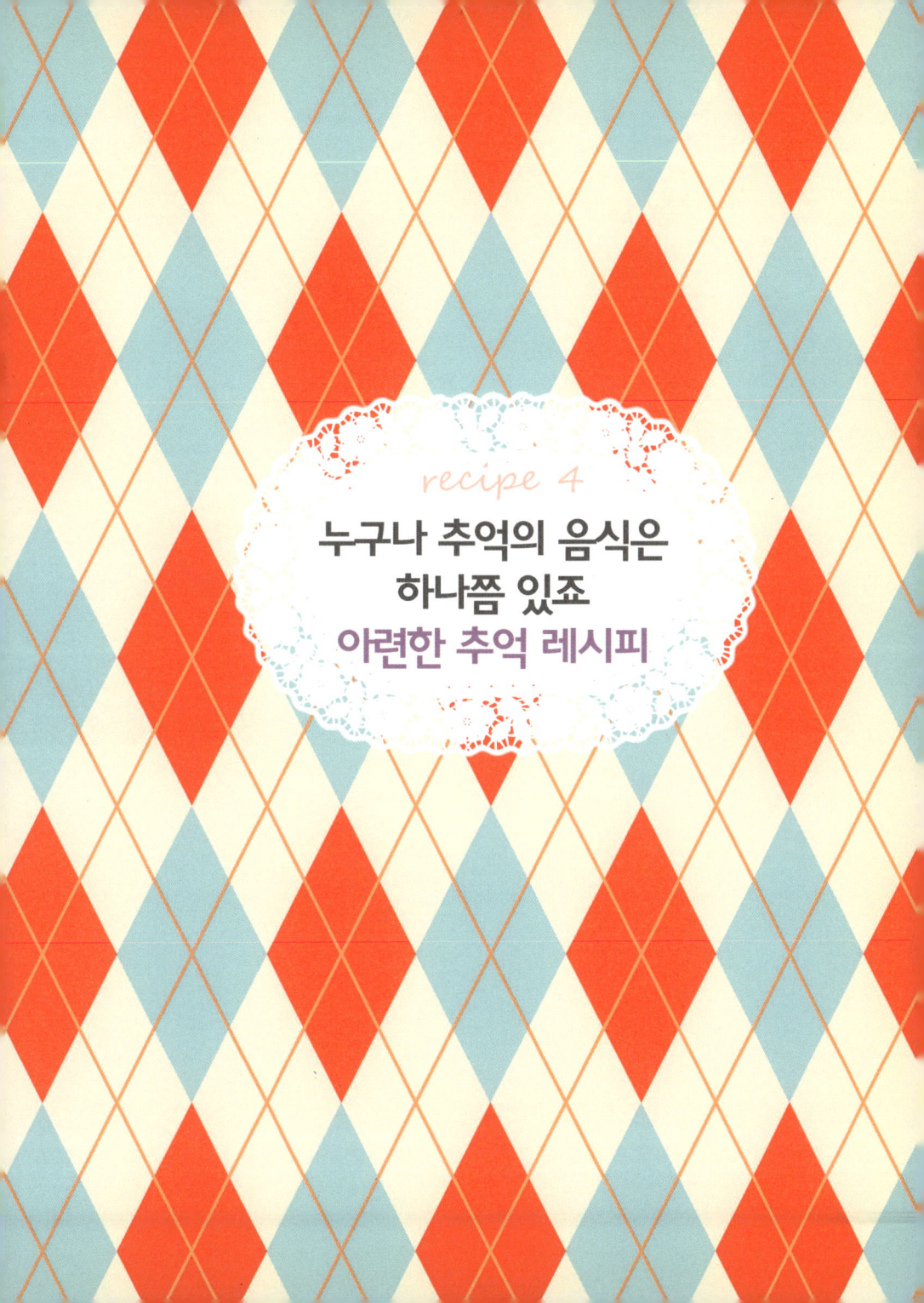

recipe 4
누구나 추억의 음식은
하나쯤 있죠
아련한 추억 레시피

어릴 적 최고의 만찬을 추억하며
새우 샌드위치와 파스타 샐러드

차갑게 식힌 푸실리 면이 야채들과 함께
마요네즈 양념에 버무려져 있었는데 먹으면 먹을수록
손을 뗄 수 없는 중독성 있는 맛이었다.
어릴 때 좋아했던 마카로니 샐러드의 고급 버전이랄까?

어린 시절 유난히 경양식 레스토랑에 가는 걸 좋아했다. 그 당시만에는 패밀리 레스토랑이 지금처럼 보편화되어 있지 않았고 제대로 된 레스토랑도 흔치 않았다. 그래서 특별한 날이면 지금은 찾기도 힘들게 된 경양식 레스토랑에 가서 돈가스를 먹곤 했다. 요즘 흔히 맛볼 수 있는 두툼하고 바삭한 돈가스가 아닌 고기가 얇고 새콤한 소스가 잔뜩 뿌려진, 심지어 눅눅하기까지 한 돈가스였다. 지금은 맛이 없어 끝까지 다 먹지도 못할 돈가스지만 그때는 그게 어찌나 맛있었던지 만날 경양식 레스토랑에 가자고 엄마를 조르던 기억이 난다.

돈가스도 좋았지만 사실 돈가스보다 더 좋아했던 건 접시에 같이 담겨 나오던 붉은 콩과 마카로니 샐러드였다. 지금 생각해보면 신선한 양배추 샐러드도 아닌 통조림 콩에 탄수화물과 지방 덩어리인 마카로니였는데 그때는 그 딸려 나오는 음식이 너무 맛있어서 아껴가며 먹었다. 그러다가 동생이랑 같이 식중독에 걸려 사흘 밤낮을 아픈 뒤로 경양식 레스토랑에 발길을 끊었지만, 그 마카로니 샐러드에 대한 향수만큼은 오래도록 지속되었다. 지금은 입맛이 변해서 더 이상 마카로니 샐러드를 좋아하지 않지만 가끔 그 맛이 생각나 입맛을 냠냠 다시게 된다.

그러다 샐러드 바에서 만나게 된 음식이 있었으니, 바로 푸실리 파스타 샐러드이다. 차갑게 식힌 푸실리 면이 야채들과 함께 마요네즈 양념에 버무려져 있었는데 먹으면 먹을수록 손을 뗄 수 없는 중독성 있는 맛이었다. 어릴 때 좋아했던 마카로니 샐러드의 고급 버전이랄까? 생각보다 레시피도 간단해 여러 가지 재료와 파스타 면을 응용해 지금은 자주 해 먹는 메뉴가 된 파스타 샐러드!

한 번은 마요네즈 대신 발사믹 드레싱을 얹어 먹어보았는데 그 또한 맛이 좋았다. 차가운 파스타 면이 주는 감칠맛 나는 식감을 발견한 기분이랄까. 한가득 해서 냉장고에 보관해놓고 「무한도전」을 보며 먹어도 좋고, 친구들을 불러 홈파티를 할 때 커다란 볼에 담아놓고 미니 샐러드 바를 만들기에도 좋은 메뉴이다. 샌드위치나 토스트만으로 허전할 수 있는 브런치에 곁들여도 훌륭하다.

나는 이 푸실리 파스타 샐러드를 새우 샌드위치와 먹는 것을 좋아한다. 둘 다 어려울 것 같지만 그렇지 않다. 냉장고에 있는 야채와 칵테일 새우를 머스터드 소스에 버무리고, 파스타를 만들고 남은 파스타 면과 야채를 마요네즈와 요거트에 버무려주면 그럴듯한 브런치가 된다. 어린 시절 추억을 간직한 추억의 메뉴로 즐기는 브런치라니, 뭔가 색다르지 않은가?

새우 샌드위치

 재료 칵테일 새우 200G, 오이 1개, 양파 ½개, 피클 2T, 토마토 1개, 로메인, 소금 ½T, 후추 약간, 머스터드 1T, 마요네즈 3T, 치아바타, 버터

1. 새우는 해동한 다음 살짝 데친다.

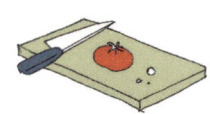 

2. 토마토와 양파는 적당한 크기로 썰어주고 양파와 오이는 소금에 절인 뒤 물기를 제거한다.

3. 볼에 새우와 피클, 양파, 오이, 머스터드, 마요네즈, 소금, 후추를 넣고 버무린다.

4. 치아바타를 반으로 가르고 버터를 얇게 발라준다.

5. 4에 로메인과 토마토를 얹은 후 3의 새우 속을 넣으면 완성!

파스타 샐러드

 재료 푸실리 2컵, 파프리카, 파인애플 통조림, 요거트 3T, 마요네즈 3T, 파슬리 가루, 소금·후추 약간

1. 끓는 물에 소금을 적당히 넣고 파스타 면을 8~10분 정도 삶아준다.

2. 파프리카는 먹기 좋은 크기로 손질하고, 파인애플은 다져준다.

3. 삶은 파스타 면을 차갑게 헹군 뒤 볼에 담고 파프리카, 다진 파인애플 등을 넣고 마요네즈, 요거트, 소금, 후추, 파인애플 국물, 파슬리 가루를 넣고 버무린다(취향에 따라 옥수수 통조림이나 콩, 참치 등을 넣어도 좋아요).

4. 만들어 놓은 새우 샌드위치와 함께 차려 맛있게 먹는다.

엄마보다 잘 만드는 나만의 전매특허
김치볶음밥

변진섭의 「희망사항」에도 '김치볶음밥을 잘 만드는 여자'라는 노래 가사가 있었다. 그만큼 대중적이고, 많이들 좋아하는 김치볶음밥. 이번 주말 점심 메뉴로 어떨까?

"배고파. 근데 특별히 먹고 싶은 게 없어."
"그래도 먹어야지. 음…… 김치에 밥 볶아줘?"
"응! 볶아줘. 먹을래. 계란도 얹어줘! 김도 있지?"

배고프다고 징징거릴 때마다 엄마가 해주시던 특제 김치볶음밥이 있었다. 참치나 베이컨 등이 들어간 화려한 김치볶음밥이 아닌 김치에 밥만 들어간 건데도 무척이나 맛있던 엄마표 김치볶음밥이었다. 적당히 익은 김치여도 맛있고 때론 안 익어도 설탕을 적절히 조절하면 아삭하니 맛있었다. 뚝배기나 팬에 달달 볶다가 마지막에 참기름 한 방울 떨어뜨리고, 노른자 덜 익힌 계란프라이 하나 얹어서 먹으면 정말 맛있었다. 구운 김까지 있으면 그야말로 천국의 맛! 김에 싸먹어도 맛있고 가루로 뿌려 먹어도 맛있었던 특제 김치볶음밥! 매우 대중적인 음식이고 다들 좋아하고 파는 곳도 많지만 은근히 맛있게 하는 곳은 드물어서 집에서만 만들어 먹게 된다.

엄마표 김치볶음밥의 포인트는 뚝배기였는데 뚝배기에 볶으면 나중에 누룽지가 생겨서 긁어 먹는 맛 또한 특별했다. 김치가 안 익었어도 맛있게 먹고 싶다면 뚝배기에 김치볶음밥을 만들어 볼 것을 추천한다. 입맛이 없다가도 빨갛게 기름기가 도는 밥알이 눈에 보이면 한가득 채운 숟가락이 입으로 술술 들어간다.

김치볶음밥은 드라마나 노래에도 자주 등장하는 메뉴이다. 「커피프린스」에서 공유와 윤은혜가 프라이팬 한가득 만들어서 나누어 먹던 김치볶음밥은 과연 내가 먹어본 것과 같은 맛일까? 그 장면을 보았을 때 식탐만큼이나 커다란 궁금증이 생기면서 김치볶음밥을 먹고 싶었고, 태양의 「I Need a Girl」이라는 노래에도 '김치볶음밥은 내가 잘 만들어. 같이 먹어줄 수 있는 여자'라는 가사가 나온다. 원조로 따지자면 변진섭의 「희망사항」에도 '김치볶음밥을 잘 만드는 여자'라는 가사가 있었다. 그만큼 대중적이고, 많이들 좋아하는 김치볶음밥은 은근히 손을 타서 만드는 사람에 따라 다양한 맛을 낸다. 엄마가 해주는 게 제일 맛있지만 이제는 내가 만들어도 제법 맛있어서 어른이 된 것 같은 기분마저 든다.

사진의 김치볶음밥은 추석 연휴 느끼하고 밍밍한 음식에 온몸에서 기름 냄새가 나는 기분이 들었을 때 프라이팬 들고 후다닥 볶아 만든 것이다. 내가 만들고도 맛있어서 추석 특선 영화 틀어놓고 소파에 앉아 한 톨 안 남기고 싹싹 비웠다. 이번 주말 점심 메뉴로 김치볶음밥은 어떨까? 매콤하게 볶은 김치볶음밥을 먹으면서 소파에 앉아 주말 예능 프로를 보는 건 싱글만이 즐길 수 있는 주말 휴식이다.

재료 잘 익은 김치, 밥 2공기, 설탕 2t, 올리브유, 참기름 2t, 계란 2개, 김 약간

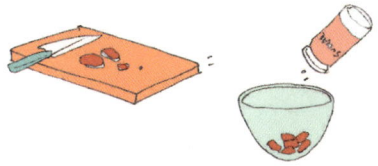

1. 김치를 먹기 좋은 크기로 자르고 설탕을 잘 섞어준다.

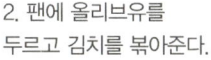

2. 팬에 올리브유를 두르고 김치를 볶아준다.

3. 2가 어느 정도 익으면 밥을 넣고 같이 볶아준다.

4. 3이 적당히 볶아진 후 참기름을 살짝 넣는다.

5. 그릇에 담고 계란 프라이와 김을 기호에 따라 얹어서 맛있게 먹는다.

내 인생 최초의 엄마표 브런치
바나나 프렌치 토스트

스크루지 할아버지가 나오는 만화를 보며 먹는
프렌치 토스트의 맛이란 지금도 침 넘어가는 달콤한 유년의 추억이다.
엄마가 자주 만들어 주시는 메뉴가 아니라 더 특별했다.

어린 시절, 일요일 오전이면 평소보다 일찍 일어나곤 했다. 이유는 일요일 아침마다 방영하는 「디즈니 만화」를 보기 위해서였다. 학교 갈 때마다 일어나기 싫어서 가기 싫다고 징징대던 어린아이였는데, 일요일엔 세 살 어린 동생과 함께 일찍 일어나 먼저 하는 프로그램인 「장학퀴즈」부터 보다가 「디즈니 만화」를 보곤 했다. 엄마보다 일찍 일어나서 거실에서 부스럭대며 TV를 보고 있으면 엄마도 어느샌가 일어나서 우리에게 핀잔을 주시기도 했다. 그러면 우리는 또 배고프다고 주말의 징징거림을 시작했다.

학교 가는 날이 아니니 엄마도 밥을 제대로 차려주시기보다는 요즘 말로 주말만의 '브런치'를 해주시곤 했다. 내 인생의 브런치는 그때부터 시작되었던 것 같다. 계란 반숙, 도넛 등 여러 가지 엄마만의 브런치 메뉴가 있었지만 내가 제일 좋아했던 건 프렌치 토스트였다. 식빵을 계란과 우유 섞은 물에 적셔서 버터 바른 팬에 노릇하게 구워 먹는 프렌치 토스트! 지금처럼 슈가 파우더나 과일 토핑을 올려먹는 건 아니었지만 잔뜩 구워서 접시에 담아주시면, TV를 보며 열심히 먹었다. 만화영화를 보며 먹는 프렌치 토스트의 맛이란 지금도 침 넘어가는 달콤한 유년의 추억이다. 아마도 엄마가 자주 만들어 주시는 메뉴가 아니라 더 특별했던 것 같다.

지금은 카페에서 쉽게 접할 수 있고 브런치 카페도 생겨 제대로 만들어진 프렌치 토스트를 먹기가 한결 쉬워졌다. 친구와의 브런치 약속 때도 자주 시켜 먹는, 여전히 좋아하는 메뉴이다. 또한 주말에 집에서 나만의 브런치 메뉴로 즐기기에도 훌륭하다. 볼에 넉넉하게 계란물을 담고 식빵이나 바게트 등을 충분히 적셔준 다음 팬에 구워서 슈가 파우더 솔솔 뿌려 한입 베어 먹으면 참 행복하다. 연하게 내린 커피랑 마셔도 좋지만 장마철처럼 꿉꿉한 계절엔 조금 개운하게 레몬 허브 탄산수랑 같이 곁들여도 좋다. 스파클링 워터에 레몬 슬라이스 한 조각과 애플민트 잎 몇 장를 넣어주면 카페에서 마시는 레몬 허브 탄산수가 된다.

어린 시절에는 그냥 토스트만 먹었지만 지금은 슈가 파우더, 아몬드 슬라이스, 메이플 시럽, 바나나 등을 곁들이는 호화 토스트로 변신했다. 취향에 따라 시나몬 가루를 뿌려줘도 좋다. 어릴 때 먹었던 토스트보다 훨씬 화려해졌지만 그때 먹었던 맛보다 2퍼센트 부족한 이유는 뭘까? 어느 7월의 주말 아침, 간만에 프렌치 토스트를 구워본다. 엄마가 기분 좋은 날 먹을 수 있었던 바로 그 프렌치 토스트를.

 **엄마의 노하우**
토스트 노릇노릇하게 굽는 법
두 번에 걸쳐 굽는다는 생각으로 처음에는 중간 불로 충분히 익혀 준 후, 어느 정도 익었다 싶으면 불을 약하게 줄인 후 타지 않게 주의하면서 다시 한 번 굽는다.

재료 식빵 3장, 계란 1개, 우유 150ML, 버터 1t, 슈가 파우더 약간, 시나몬 가루 약간, 아몬드 슬라이스 1T, 바나나 1개, 레몬 약간, 탄산수 1병, 애플민트 약간

1. 계란과 우유를 볼에 넣고 잘 섞어준다.

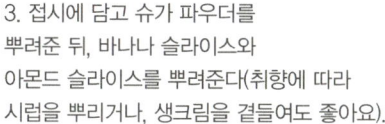

2. 먹기 좋은 크기로 자른 식빵을 1의 계란 물에 충분히 적신 다음, 버터를 두른 팬에 중간 불로 노릇하게 구워준다.

3. 접시에 담고 슈가 파우더를 뿌려준 뒤, 바나나 슬라이스와 아몬드 슬라이스를 뿌려준다(취향에 따라 시럽을 뿌리거나, 생크림을 곁들여도 좋아요).

4. 탄산수에 얼음과 레몬 슬라이스를 곁들이고, 애플민트를 띄워준다.

5. 4를 완성된 토스트와 함께 맛있게 먹는다.

다정한 그 공간이 생각날 땐,
야채 카레

새우와 부드러운 생크림 맛이 나는 히비의 에비카레,
한입 먹고는 그 맛에 반해버렸다.
카레가 이럴 수도 있구나 하고 작은 감동도 했다.

제일 좋아하는 동네이고 제일 자주 가는 동네인 홍대입구, 그리고 나의 취미인 카페놀이. 이 두 개를 한 번에 충족시켜 주는 다정한 공간이 있다. 홍대 앞 '카페 히비'다. 히비를 좋아하는 이유는 마치 도쿄에 와 있는 것 같은 분위기 때문이기도 하지만 결정적인 이유는 히비의 대표 메뉴인 에비카레 때문이다.

새우와 부드러운 생크림 맛이 나는 히비의 에비카레, 처음에 주문을 하고 에비카레가 나왔을 때는 '어라, 카레에 건더기가 없다니' 하며 당황했지만 한입 먹고는 그 맛에 반해버렸다. 카레가 이럴 수도 있구나 하고 작은 감동도 했다.

우리가 일반적으로 먹는 카레에서 건더기만 뺀 느낌이 아니라 뭔가 다른 그 오묘한 느낌! 계속 그 레시피가 궁금했는데 얼마 전에 드디어 이 국물 카레(!)의 정체를 알아내고 쾌재를 불렀다. 비결은 대단한 게 아니고 카레를 만드는 중간 과정에 재료들을 갈아 넣는 데 있었다. 야채 스프, 야채 죽을 만드는 것 같은 중간 과정이 일본식 카레의 비결이었던 것!

히비의 에비카레 하니, 친구와의 작은 에피소드가 생각난다. 히비의 카레 런치를 꼭 친구에게 맛보여주고 싶어서 홍대로 오라 했고, 우리는 개점 시간이 조금 넘은 12시경에 카페에 가서 에비카레를 주문했다. 먹다 보니 친구가 맛있었는지 밥이 모자란다고 마스터에게 밥을 더 달라고 하자, 마스터가 인심 좋게 한 공기 가득 더 주신 기억이 난다. 우리 둘 다 나름 젊은 20대 보통 체형 여성이었는데 그 엄청난 크기의 밥공기를 보고 '우리가 아주 잘 먹게 생겼나 봐' 하고 당황했었다. 물론 친절하신 마스터의 마음에 보답하고자 우린 그 한 공기를 또 싹싹 남은 카레에 비벼 먹었다. 에비카레 생각을 하니 오랜만에 그 친구랑 다시 카레 데이트를 하고 싶어진다.

냉장고 정리용으로도 너무 좋은 메뉴인 카레, 냉장고에서 시들해져 가는 당근, 양파를 꺼내고 베란다에서 싹을 키우기 직전인 감자도 꺼내와 작게 썰어서 뭉근히 끓여 주자. 하루 종일 먹어도 질리지 않고, 「심야식당」의 메뉴처럼 다음 날 차갑게 먹어도 맛있다.

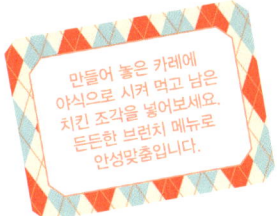

만들어 놓은 카레에 야식으로 시켜 먹고 남은 치킨 조각을 넣어보세요. 든든한 브런치 메뉴로 안성맞춤입니다.

재료 감자 1개, 양파 ½개, 당근 ½개, 카레 가루 50g, 후추 약간, 포도씨유, 물 2컵, 파슬리 가루, 생크림 40g, 줄기콩 약간, 밥 2공기

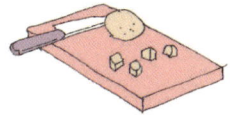

1. 감자, 당근, 양파를 가로세로 1cm 정도로 네모지게 썰어둔다.

2. 냄비에 기름을 두르고 양파를 먼저 볶다가 살짝 투명해지면 감자와 당근을 마저 넣고 볶는다.

3. 야채가 어느 정도 익으면 물을 붓고 15~20분간 중간 불에서 끓인다.

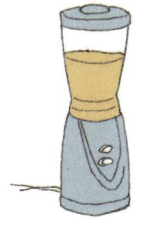
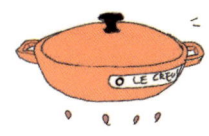

4. 3을 믹서에 넣고 갈아준 뒤 냄비에 다시 담고 중간 불에서 끓이다가 카레 가루와 생크림을 넣고 후추로 간을 한 뒤 약한 불에서 조금 더 끓여준다.

5. 접시에 밥을 담고 카레를 얹고, 살짝 볶거나 데친 줄기콩과 파슬리 가루를 함께 세팅한다.

잊을 수 없는 첫 만남의 추억
들깨 크림소스 파스타

잠깐 느낀 맛이었지만,
음식은 참으로 맛이 신기했고, 참으로 맛있었다.
잊을 수 없는 그 고소한 맛이 오늘따라 유난히 생각난다.
첫 경험, 첫 만남이 오래가긴 하나 보다.

첫 만남, 첫 경험하면 떠오르는 남자가 한 명 있으니 대학 온 지 1달 만에 처음 하게 된 소개팅 남자이다. 갓 입학한 3월, 아직은 겨울바람이 세차게 불고 있었다. 나와 동갑내기였고 한 학년 높았던 인근 학교 남학생과의 소개팅을 위해 살짝 떨리는 발걸음으로 약속 장소에 나갔다. 재수 생활을 하면서 꼭 해보고 싶었던 것이 소개팅이었기에 엄청난 기대를 하고 잠까지 설쳤다. 막상 소개팅 자리에 나가보니 내가 상상하던, 그토록 그리던 소개팅과는 많이 다른 느낌의 만남이었다. 순정만화를 끼고 살았던 내게 조금은 어른스럽고 내 취향과 거리가 멀었던 상대는 나를 꽤나 실망하게 했다. 내 얼굴에 이미 싫은 티가 났는지 주선자가 눈치를 채고 셋이 맛있는 거나 먹자며 근처 유명한 파스타 가게에 가자고 했다. 표현이 좀 그렇지만 난 촌스럽게도 파스타 전문점에 그때 처음 가보았다. 피자 가게의 치즈 얹은 스파게티나 먹어봤지 파스타 전문점은 처음이었다.

드디어 주문한 파스타가 나왔는데 내가 알던 토마토 스파게티와 많이 다른 게 나왔다. 하얀색 스파게티라니. 보자마자 '저것도 먹는 걸까?' 하는 생각이 들며 선뜻 손이 가지 않았는데 주선자와 소개팅 상대 모두 포크에 면을 돌돌 말아 잘 먹는게 아닌가. 나도 '에잇, 모르겠다' 하는 마음으로 포크로 감아올려 입에 툭 털어버렸다. 먹기 싫은 음식을 먹을 때 자주 쓰는 빨리 씹어 삼키기 작전을 쓴 것이다. 잠깐 느낀 맛이었지만, 그 음식은 참으로 신기했고, 참으로 맛있었다. 이렇게 고소하고 맛있는 음식이 있다니, 하고 속으로 감탄하며 나는 어느새 소개팅을 잊고 빠르게 포크를 움직였다.

하지만 불편한 자리에서 너무 열심히 먹은 탓일까. 급체를 하는 바람에 1주일 내내 고생을 했다. 그것이 내 잊을 수 없는 첫 소개팅의 기억이다.

원래 체해서 고생하면 그 음식은 피하는 법인데 그 뒤로 틈만 나면 친구들과 크림 파스타를 먹으러 다녔고, 대학교 4년 내내 밥만큼이나 많이 먹었던 음식이 되었다. 지금은 오일 파스타나 봉골레를 더 좋아하지만, 첫 경험이라서일까? 그때 그 맛은 아직도 생생하다. 의외로 만들기도 간단한 크림 파스타. 생크림이 없어도 쉽게 맛을 낼 수 있어 부담 없는 메뉴이기도 하다. 베이컨과 마늘 정도만 넣고 간단하게 만들어도 좋고, 친구를 대접할 때는 페투치니 면에 새우를 넣어 럭셔리한 느낌을 내도 좋다.

잊을 수 없는 그 고소한 맛이 오늘따라 유난히 생각난다. 첫 경험, 첫 만남이 오래 가긴 하나 보다.

재료 페투치네 170g, 마늘 3알, 양파 ½개, 베이컨 2줄, 표고버섯 한 줌, 올리브유
소스 버터 1.5t, 생크림 400g, 우유 200ML, 들깨가루 2T, 검은깨 1T, 파르메산 치즈가루, 소금·후추 약간

1. 끓는 물에 올리브유와 소금을 약간 넣고 파스타 면을 8~10분간 삶는다.

2. 팬에 버터를 녹이고 슬라이스 한 마늘과 양파, 베이컨 순으로 볶는다.

3. 2에 생크림과 우유를 넣고 소금 간하여 끓여준다.

4. 검은깨를 믹서에 곱게 갈아 준비한다.

5. 3에 검은깨와 들깨가루를 넣고 잘 섞어주고 소금과 후추로 간한 후 삶아둔 파스타 면을 넣고 함께 볶는다.

6. 취향에 따라 파르메산 치즈가루를 뿌려준다.

카모메 식당의 추억
오니기리

자신감이 생긴 나는 준비한 속 재료와 밥으로
집중의 시간을 가졌고, 준비한 재료가 동이나 고개를 들어보니
식탁 위에는 귀여운 오니기리 형제들이
쪼르르 늘어서 나를 쳐다보고 있었다.

누군가 지금 당장 어디로 여행을 가고 싶냐고 묻는다면 주저 없이 말할 수 있는 나라는 단연 영화 「카모메 식당」의 배경인 핀란드이다. 최근 들어 인기인 북유럽 디자인 때문인지 더욱 핀란드에 가보고 싶다.

사실 내가 요리에 빠지고 그릇 모으는 취미가 생긴 건 그리 오래되지 않았다. 그 계기가 되었던 게 영화 「카모메 식당」이다. '갈매기 식당'이란 뜻의 「카모메 식당」은 잔잔하면서 소소한 웃음을 주는 따뜻한 영화이다. 식당이 영화의 배경이다 보니 음식이 계속 나오는데 그 음식들 중에서도 기억에 남는 건 오니기리와 시나몬롤이다. 일본식 주먹밥인 오니기리는 세모나고, 오동통한 모양새에 김이 새초롬하게 붙어 있는 게 너무 귀여워서 영화 화면을 캡처해 따로 저장해 둘 정도였다.

손으로 만드는 건 웬만한 건 다 자신 있는 편이었으나 오니기리를 만들기 전에는 조금 걱정이 됐다. 그냥 마트에 파는 삼각김밥 틀을 사다 만드는 편이 더 낫지 않을까 싶기도 하고, 밥을 많이 준비해 두었는데 괜히 망치는 건 아닌가 하는 걱정도 했다. 여러 가지 불안한 생각을 하며 김을 네모나게 잘랐다. 그리고 심호흡을 한 후, 「카모메 식당」의 마스터 사치에 상처럼 자신 있게 밥을 통통 만져줘야겠다는 생각으로 밥을 한 움큼 쥐었다. 송편을 빚듯이 속이 들어갈 자리를 만들어 주고 속 재료를 집어넣고 남은 밥으로 덮었다. 손으로 세모나게, 그렇지만 동글동글한 느낌을 주려고 공을 들였다. 어라? 처음 만들어 보는 건데 생김새가 제법 귀여운 오니기리가 나왔다.

자신감이 생긴 나는 준비한 속재료와 밥으로 집중의 시간 가졌고, 준비한 재료가 동나 고개를 들어보니 식탁 위에는 귀여운 오니기리 형제들이 쪼르르 늘어서 나를 쳐다보고 있었다. 비록 이걸 가지고 남자친구를 만나러 가면 "뭐야, 편의점 삼각김밥 사온 거야?" 하고 면박을 줄지도 모르지만 처음 만든 거치곤 모양이 귀엽게 나와 뿌듯하기까지 했다.

사실 아직 영화 속 사치에 상처럼 가볍지만 통통하게 만들지는 못한다. 그래도 오니기리 만드는 일은 내겐 제법 즐거운 일이다. 핀란드에 못 가는 아쉬움을 이렇게라도 달래려고 한다. 귀여운 오니기리 형제들을 만들면서……

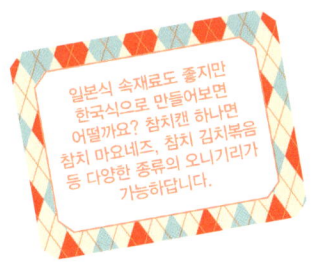

일본식 속재료도 좋지만 한국식으로 만들어보면 어떨까요? 참치캔 하나면 참치 마요네즈, 참치 김치볶음 등 다양한 종류의 오니기리가 가능하답니다.

재료 밥 2공기, 소금 약간, 참기름 약간, 김, 식용유
참치 마요네즈 참치 $\frac{1}{2}$캔, 마요네즈 2T, 후추 약간, 양파 $\frac{1}{5}$개
참치 김치볶음 참치 $\frac{1}{2}$캔, 김치 $\frac{1}{2}$컵, 오일, 양파 $\frac{1}{2}$개, 참기름 1T, 깨소금 $\frac{1}{2}$T, 후추 약간

1. 오니기리는 밥을 맛있게 짓는 게 핵심이다. 쌀을 10번 이상 씻어 하얀 쌀뜨물이 생기지 않을 정도의 상태로 만든다. 전분이 제거되어야 고슬고슬한 밥이 되기 때문이다. 그렇게 씻은 쌀을 2시간 이상 불려 밥을 짓는다.

2. 1의 밥에 참기름과 소금으로 간을 해준다.

3. 양파는 얇게 슬라이스 하고, 참치는 기름을 쭉 빼둔다.

4. 기름을 뺀 참치에 슬라이스한 양파를 마요네즈, 후추를 넣고 버무려준다. (참치 마요네즈)

5. 팬에 기름을 두르고 다진 양파와 참치, 잘게 썬 김치를 넣고 볶아준다. 어느 정도 볶아졌으면 참기름과 깨소금, 후추로 마무리한다.(참치 김치볶음)

6. 밥알이 붙지 않게 참기름을 손에 바르고 밥을 한 움큼 쥐고 가운데를 넓게 펴준 뒤 4와 5의 속재료를 각각 넣어준다. 그리고 다른 한 손으로 나머지 밥을 쥐고 속재료가 담긴 밥에 얹어준다.

7. 양손으로 눌러가며 동그랗게 모양을 잡아준다. 먹기 좋게 자른 김을 둘러준다.

내가 좋아하는 반찬

계란말이와 오징어 볶음

위대한 인물을 위대하게 하는
대표 반찬 두 가지가 있으니
국가대표 밥도둑인 간장게장이 아닌
계란말이와 오징어 볶음이다.

좋아하는 반찬이 있으면 밥을 두 공기까지도 거뜬히 먹을 수 있는 위대한 인물이 바로 나이다. 위대한 인물을 위대하게 하는 대표 반찬 두 가지가 있으니 국가대표 밥도둑인 간장게장이 아닌 계란말이와 오징어 볶음이다.

나는 오징어로 만든 건 뭐든 좋아할 정도로 오징어를 좋아한다. 그중에서도 제일 좋아하는 건 엄마가 끓여준 오징어 무국과 오징어 볶음인데, 매운 걸 잘 못 먹던 꼬꼬마 시절에도 오징어 볶음의 오징어는 곧잘 집어먹곤 했다고 한다. 그렇게 어려서부터 시작된 오징어 사랑은 여전히 진행 중이다. 매콤하게 프라이팬에 볶아서 그냥 먹어도 맛있고, 밥과 함께 볶아 먹어도 맛있는 반찬이다. 그리고 싫어하는 사람 없을 것 같은 계란말이. 치즈 등 다양한 재료를 응용한 계란말이를 음식점, 술집에서 쉽게 볼 수 있다. 그렇지만 제일 맛있는 건 파 송송 들어간 엄마표 계란말이! 처음 도시락 싸가지고 다니던 어린 시절부터 무척 좋아했던 반찬이다.

대학 입시 재수 생활을 할 때 혼자 고시원에 살았던 적이 있었다. 20년 동안 가족과 함께 살다가 고시원 생활을 시작하니 너무 외롭고 힘들었다. 밥도 미술학원 친구들과 점심은 햄버거, 저녁은 닭곰탕을 먹는 날이 대부분이었다. 처음에는 잘 몰랐는데 한 달쯤 되니 엄마가 해주는 밥이 너무 그리웠다. 그래도 재수 생활을 결정한 직후라 차마 엄마한테 전화해서 징징댈 수는 없는 노릇이었다. 하지만 엄마는 괜히 엄마가 아닌 법! 어떻게 내 맘을 아셨는지 어느 날 미술학원 수업을 끝내고 고시원에 돌아오니 엄마가 두고 간 도시락이 있었다. 보온도시락 안에는 계란말이와 장조림, 그리고 오징어 볶음이 담겨 있었다. 밤 10시가 넘은 시간이었는데 그 자리에서 도시락을 다 먹어버렸다. 어찌나 맛있던지 그날 한 평도 안 되던 방 안에서 먹었던 도시락의 맛은 아직도 잊히지가 않는다.

지금도 난 누가 좋아하는 반찬이 뭐냐고 물으면 두 번 생각할 것도 없이 "계란말이랑 오징어 볶음이요" 하고 답한다. 안타까운 건 내가 만들면 엄마가 해주는 그 맛이 안 난다. 그래도 부지런히 하다 보면 언젠가는 엄마 맛이 나지 않을까?

오징어 볶음

재료 오징어 작은 것 2마리, 대파 ½개, 양파 1개, 당근 ½개, 청양고추 3개, 고춧가루 1T, 고추장 1T, 설탕 ½T, 다진 마늘 ½T, 식용유 약간

1. 대파는 5cm 정도로 어슷썰기하고, 양파와 당근도 먹음직스러운 크기로 자른다. 오징어 역시 한입 크기로 손질한다.

2. 달군 팬에 식용유를 두르고 양파, 당근, 대파 순으로 넣고 빠르게 볶다가 야채가 살짝 익으면 오징어도 함께 넣고 볶는다.

3. 2의 오징어가 어느 정도 익었다 싶으면 다진 마늘, 고추장, 설탕을 넣고 센 불에 계속 볶아준다.

4. 3에 양념이 고르게 섞이면 고춧가루와 슬라이스한 청양고추를 넣고 살짝 더 볶는다(마지막에 고춧가루를 넣어야 먹음직스러운 오징어 볶음이 된답니다).

계란말이

 재료 계란 4개, 다진 파 2T, 당근 ¼개, 소금 약간, 식용유 약간

1. 계란을 볼에 풀어 다진 파와 다진 당근, 소금 ½T 정도를 넣고 잘 섞는다.

2. 중간 불로 은근하게 달군 팬에 기름을 두르고 계란 물을 펼친 후 끝에서부터 살짝살짝 말면서 반대편 프라이팬 끝 쪽으로 계란 물을 계속 부어서 면적을 넓혀준다 (2의 과정을 여러 번 할수록 계란말이가 도톰해져요).

3. 취향에 맞게 구워 알맞은 두께로 자른다.

참치로 만든 건 뭐든 좋아요
스카치 에그 런치

참치로 만든 건 웬만해선
다 맛있다고 생각하는데 참치로 만든 스카치 에그가
아이 입에도 꽤나 맛있었나 보다.

조금 무뚝뚝한 성격의 소유자인 나는 아이들을 잘 돌보는 편이 아니다. 아이들이 울기 시작하면 식은땀이 나며 머릿속이 하얘지는 것이, 나중에 내 아이들이 생겨서 '엄마' 하고 울면 나도 우리 엄마를 떠올리며 '엄마' 하고 같이 울 것 같다는 생각이 들 정도이다.

벌써 나도 결혼할 나이이긴 하지만 미혼이고, 주위 친구들도 대부분 미혼이다. 그래서인지 아직 육아는 나와는 거리가 먼 이야기 같기만 하다. 그러던 내게 얼마 전 큰 시련이 있었으니 결혼한 지 6년차 주부이자 네 살 난 남자아이의 엄마인 친한 친구가 내게 딱 3시간만 아이를 봐달라고 한 것이다. 물론 가까운 곳에 사는 친구라 아이도 몇 번 본 적 있지만 덜컥 겁이 났다. 급히 볼일이 생겼는데 친정이고 시댁이고 지방인 친구가 부탁할 곳이 없어 내게 잠시만 봐달라고 하니, 어쩔 도리가 없었다. 20분 내로 우리 집으로 오겠다는 친구의 문자를 받고 '어쩌지, 어쩌지'를 머릿속으로 외치며 발을 구르다가 발이 어느 샌가 냉장고 앞에 도착해 있었다. 아이와 뭐 하면서 놀지 궁리하다 세 시간이면 아이의 간식도 챙겨야 할 것 같아서였다. 또 아이의 엄마인 내 친구는 내가 학생이었을 때 맛있는 밥을 꽤나 많이 해준 천사 같은 친구였다. 그런 친구의 귀여운 아들내미에게 밥도 아니고 간식 하나 못 먹여 보내면 너무 섭섭해 할 것 같았다. 그렇게 냉장고 문을 열어보니, 이렇게 안타까운 일이…… 과일 빼고 아이에게 줄 만한 게 하나도 없었다. 도대체 뭘 만들어줘야 하나 하는 고민과 함께 머리를 마구 굴리고 있을 때 눈에 들어온 게 참치 캔이었다. 사료를 잘 먹지 않는 우리 집 두 마리 시추 녀석들 덕에 늘 구비되어 있는 참치 캔. 참치로 할 수 있는 아이를 위한 간식은 뭐가 있을까 5분간 고민을 하고 결정한 건 한 번도 만들어 본 적 없는 '스카치 에그'였다.

엄마 손을 잡고 도착한 아이에게 일단 만화영화를 틀어주고 주방에서 정성을 다해 '내 아이가 먹는다'는 상상까지 하며 스카치 에그를 만들었다. 그리고 키친타월에 기름을 쪽 뺀 뒤 반으로 갈라 아이와 함께 식탁에 앉았다. 아직 많이 어린데도 씩씩한 친구의 아들은 '잘 먹겠습니다' 하고 인사한 뒤 내가 만든 스카치 에그를 맛있게 먹어주었다. 어설픈 포크질을 해 조그만 입으로 가져가는 모습이 어찌나 귀여운지 '나중에 내 아이가 저렇게 먹으면 더 귀엽겠지'라는 생각이 들 정도였다. 세 시간 뒤 친구는 아들을 데리러 다시 우리 집에 왔다. 아이가 제 엄마에게 '이모가 엄청 맛있는 거 해줬어요, 엄마'라고 혀 짧은 소리로 애교를 부리는 모습을 보니 감동에 벅차오르기까지 했다. 아이 키우는 재미가 바로 이런 걸까?

참치로 만든 건 웬만해선 다 맛있다고 생각하는데 참치로 만든 스카치 에그가 아이 입에도 꽤나 맛있었나 보다. 그 후론 참치 스카치 에그는 아이, 어른 상관없이 자주 대접하는 메뉴가 되었다. 영국의 전통적인 피크닉 메뉴이기도 한 스카치 에그! 날 좋은 주말에 도시락으로 준비해서 공원 한번 나가야겠다.

엄마의 노하우
메추리알 껍질 쉽게 까는 법
삶을 때 소금을 약간 넣는다. 잘 삶아진 메추리알을 찬물에 담가 식힌 다음 밀폐용기에 넣어 흔들어준다. 그런 다음 꺼내보면 껍질에 주름이 생겨 쉽게 깔 수 있다.

재료 참치 캔 1개, 메추리알 5알, 당근 ½개, 양파 ½개, 녹말가루 1T, 취향에 따라 고추 약간, 식용유
튀김 옷 계란, 빵가루, 밀가루, 소금·후추 약간씩

1. 메추리알은 삶아서 껍질을 까두고 당근과 양파는 잘게 썰어둔다.

2. 볼에 기름을 뺀 참치와 다진 당근, 양파와 고추를 약간 넣고 녹말가루 1T와 함께 섞은 뒤 소금과 후추로 간을 한다 (어른이 먹을 땐 조금 더 넣어 매콤하게 먹어도 맛있어요).

3. 삶은 메추리알을 2의 참치 소로 감싸준다.

4. 3을 밀가루-계란물-빵가루 순으로 옷을 입힌 뒤 튀겨낸다.

5. 볶음밥이나 샐러드를 곁들여 맛있게 먹는다.

언제 먹어도 맛있는 간식
새우 감자 크로켓

이름도 귀여운 고로케 녀석.
커다란 볼에 참 맛있다는 8월의 감자를
포슬포슬하게 익혀, 다진 재료들을 넣고,
열심히 조물딱 조물딱 해서 모양을 만들어 본다.

조금은 투박하지만 정감 있고, 사랑스러운 이름 '고로케'. 원래의 이름은 크로켓이 맞지만 대부분의 사람들은 감자 고로케라 하지 감자 크로켓이라고 부르지 않는다. 제과점에 가 봐도 '고로케'라고 쓰여 있는 곳이 대부분이지, '크로켓'이라고 쓰는 곳은 보기 드물다. 이름에서 어린 시절 추억을 떠올리게 하는 향수도 있지만, 왠지 크로켓보다는 고로케가 더 맛있을 것 같은 느낌이다.

고로케는 중학교 가정 시간 첫 실습 메뉴이기도 한, 나에겐 나름대로 추억이 있는 메뉴이다. 동그랗게 빚어 기름에 튀겨야 하니 당시로서는 어려운 메뉴였는데, 실습 메뉴로 만들게 돼 조그마한 앞치마를 입고 실습실 안에서 긴장된 자세로 선생님의 말씀을 듣던 학창시절이 생각난다. 어렵게 만들었을 뿐더러 양도 적은데 다른 반의 친한 친구들에게까지 나눠줘야 해서 전전긍긍 같은 조원의 눈치를 보며 음식을 빼돌린 기억도 남아 있다. 생각해 보면 나름 특별한 메뉴인데 푸짐하게 만들어서 먹어도 될 것을 학교 실습 때는 늘 조금씩만 만들어서 매번 아쉬웠던 기억이 난다.

그 아쉬움 때문일까? 집에 돌아와 나도 이제 고로케를 만들 수 있다며, 엄마를 졸라 재료를 왕창 사다가 다시 만들기에 도전했었다. 학교에서 한 번 만들어본 메뉴라고 비슷한 모양으로 만들어지긴 했지만, 그 맛이 실습할 때 먹었던 것과 너무 차이가 있었다. 분명 계량도 똑같이 하고, 같은 재료를 써서 만들었는데 말이다.

어쨌든 그 뒤로는 다시 만들지 않다가 얼마 전 홍대 앞의 고로케만 파는 가게에서 시원한 맥주 한 잔과 감자 고로케를 먹고 난 뒤 다시 추억의 고로케 만들기에 발동이 걸렸다. 어릴 때 만든 고로케에는 겨우 감자와 다진 당근, 오이 정도가 들어갔지만, 이제는 내가 좋아하는 취향대로 마음껏 만들어보기로 했다. 어디에 넣어도 제 몫을 톡톡히 하는 새우를 넣어 학교에서 만들었던 것과는 비교가 안 되는 호사스러운 고로케 만들기에 도전! 커다란 볼에 참 맛있다는 8월의 감자를 포슬포슬하게 익혀, 다진 재료들을 넣고, 열심히 조물딱 조물딱 해서 고로케를 만들어 본다.

맛있는 여름 감자와 고소한 튀김옷이 만나고, 거기에 사랑스런 새우까지 곁들여져 너무 맛있다. 먹어도 먹어도 맛있어서 계속 집어먹게 되는 이름도 귀여운 고로케 녀석. 혼자 있어 무료한 주말, 이 녀석을 준비해서 좋아하는 드라마를 보며 시원한 맥주 한잔 어떨까?

엄마의 노하우

싱싱한 감자 고르기
표면에 흠집이 적고 매끄러운 것을 선택한다. 무겁고 단단한 것이 좋으며 녹색 빛깔을 띠는 것은 피한다.

감자 오래 보관하기
바람이 잘 통하는 곳에 보관하고, 사과와 함께 바구니에 넣어두면 싹이 나는 것을 방지할 수 있다.

재료 감자 2~3개, 새우 4~5마리, 양파 ½개, 당근 약간, 캔 옥수수 3T, 마요네즈 4~5T, 빵가루, 밀가루, 계란 2개, 피자치즈 약간, 설탕 약간, 소금·후추 약간, 올리브유 또는 카놀라유

1. 감자를 삶아서 으깬다.

2. 새우를 잘 삶아서 잘게 잘라 놓는다.

  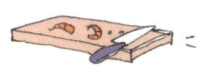

3. 으깬 감자에 잘라놓은 새우, 다진 양파와 다진 당근, 캔 옥수수, 마요네즈, 설탕, 소금, 후추를 넣고 섞어준다.

4. 3을 먹기 좋은 크기로 둥글게 모양을 잡는다(튀김옷을 입으면 크기가 더 커지므로 감안해서 모양을 잡아주세요).

5. 4를 '밀가루–계란 물–빵가루' 순으로 묻혀준다.

6. 5를 기름에 굴리듯이 튀겨낸다.

8월의 건강한 식탁
줄기콩 소고기 야채조림

찬란한 햇빛이 기분 좋은 어느 여름날
싱싱한 야채들을 골라 신나게 만들어 보자.
넉넉한 볼에 푸짐히 담아서 고운 색감도 눈으로 즐기며
맛있게 먹는 줄기콩 소고기 야채조림!

나이 드신 분들이 들으면 웃으시겠지만, 가끔 '내가 이제 제법 나이가 들었구나' 하고 느낄 때가 있다. 특히 음식에 관한 부분이 그렇다. 어릴 때는 그렇게나 싫어했던 음식들이 나이가 들수록 없어서 못 먹는 음식이 되어가는 걸 보고 있으면 '아, 내가 나이를 먹긴 먹었구나!' 하고 새삼 놀래곤 한다. 오이와 상추를 제외하곤 야채라면 쳐다보지 않았던 내가, 요즘은 마트에 가면 야채 코너에서 봉지를 집어 들고 신나게 구경을 하고 있다. 물론 아직까지는 야채에 관해선 초보자 수준이라서 계절별 제철 과일이나 야채가 무엇인지, 어떤 상태의 것을 사야 더 맛있는지 부끄럽지만 잘 모른다. 그래서 가끔 마트에 계신 아주머니에게 물어보기도 한다.

어쨌든 야채 특유의 식감과 적당히 익혔을 때 나타나는 고유의 색이 시간이 갈수록 더 좋아지고 있다. 늘 골라내기만 하고 안 먹던 야채를 이제는 음식에 많이 넣어줄수록 좋아하고, 집에서 만든 음식에는 야채를 넣어야 하는 양보다 풍성하게 넣어 즐기기도 한다. 무섭게 생겼다며 안 먹는다고 난리치던 연근이 이제는 적당히 심심한 간에 졸여 놓으면 밥 한 그릇 뚝딱하게 하는 존재가 되었고, 요리에 들어간 청경채는 고기보다 먼저 골라먹는 수준이 되었다. 콩밥을 해주면 콩은 다 골라 놓던 열 살 꼬꼬마 여자아이가 이제는 콩밥이 등장하면 감격해가며 한 그릇 이상을 너끈히 먹어치우는 어른이 된 것이다.

이번 주말에 마트에 갔을 때도 평소처럼 야채 코너에서 맛있고 신선한 거 뭐 없을까, 하고 두리번대고 있었다. 그때 딱 발견한 줄기콩! 보자마자 '그래! 이거야' 하며 주저 없이 카트에 담았다. 머릿속으로 어떻게 먹어야 잘 먹었다고 소문이 날까, 하면서 잠깐 생각을 한 뒤 소고기 야채조림을 해먹기로 결심했다. 여름이라 감자도 제철이니 감자, 당근, 줄기콩 등 신선한 야채를 소고기와 함께 짭조름하게 졸여 먹으면 맛있겠다는 생각에 군침이 싹 돌았다.

야채의 종류는 개인의 취향에 맞춰 더 넣거나 빼도 좋다. 크기도 자신이 선호하는 대로 먹기 좋게 송송 썰면 그만이다. 소고기와 야채를 고기와 함께 볶아 물과 양념장을 넣고 졸이다가 데친 줄기콩까지 넣어서 함께 먹으면 그럴싸한 요리가 된다. 뭉근해진 식감을 좋아하면 양념장을 싱겁게 하고 오래 푹 끓여도 좋다. 조금 더 푸짐해 보이고 싶으면 표고버섯을 넣어줘도 좋다.

찬란한 햇빛이 기분 좋은 여름날 싱싱한 야채들을 골라 신나게 만들어 보자. 넉넉한 볼에 푸짐히 담아서 고운 색감도 눈으로 즐기며 맛있게 먹는, 즐겁고 건강한 식탁을 만들어 보자. 다른 누구도 아닌 오로지 나 자신을 위해 말이다.

엄마의 노하우
진하고 깔끔한 맛국물 만들기

한꺼번에 많이 만들어서 여러 가지 요리에 활용하면 좋다. 국과 찌개는 물론, 줄기콩 소고기 야채 조림에서처럼 조림에도 넣고, 라면도 맛국물로 끓이면 확실히 맛이 다르다. 만들어서 냉장고 한편에 놓으면 마음까지 든든해지는 맛국물 만들기에 도전해보자. 여기서는 멸치를 베이스로 한 맛국물. 다시마는 너무 오래 끓이면 쓴 맛이 나니 주의할 것!

재료: 멸치 100g, 다시마 100g, 표고버섯 100g, 물 1000ML

1. 준비한 물에 다시마를 넣고 1시간 정도 불린 후 불에 올린다. 끓기 시작하고 잠시 후 다시마는 건져낸다.

2. 마른 팬에 볶아 수분을 뺀 멸치와 마른 표고버섯을 넣고 다시 끓기 시작하면 불을 줄여 30분 정도 더 끓여준다.

재료 불고기용 소고기 200g, 줄기콩 10개, 당근 1개, 감자 2개, 양파 1개, 맛국물 1컵
양념장 미림 1T, 간장 2T, 설탕 1T

1. 감자와 당근을 먹기 좋은 크기로 손질한다. 양파는 ¼등분한다.

2. 미림, 간장, 설탕을 혼합해 양념장을 만든다.

3. 기름을 두른 팬에 감자, 당근, 양파, 소고기 순으로 볶다가 양념장과 맛국물 넣고 끓여준다.

4. 줄기콩은 끓는 물에 살짝 데친다.

5. 데친 줄기콩을 3에 넣고 한 번 더 조려낸다.

6. 갓 지은 밥, 된장국과 함께 맛있게 먹는다.

무더위에 지친 나를 위한 셀프 몸보신
장어덮밥

먹고 나면 힘이 불끈불끈 나는
보양 음식이기도 한 장어. 소금구이로 구워서
술 한잔해도 좋지만 첫 경험의 기억 때문인지
개인적으로는 덮밥으로 먹을 때가 제일 맛있다.

어려서부터 나는 생김새가 범상치 않거나 색깔이나 크기에서 공포감이 느껴지는 음식은 절대 먹지 않았다. 특히 물에 사는 몇몇 생물들은 나에게 아직도 친근한 존재가 아니다. 어릴 때 혼자 짝사랑했던 친구가 권해서 억지로 삼켰던 멍게부터 시작해서 해삼, 말미잘 등은 내게 쉽지 않은 존재들이며, 여전히 기피 대상이다.

불과 얼마 전까지 장어 역시 그런 존재였다. 장어 음식점 앞을 지날 때마다 수족관에 한가득 들어 있는 검고 미끈미끈해 보이는 장어들을 보며 속으로 '악! 저런 걸 어떻게 먹어' 하고 호들갑을 떨며 걸음을 재촉하곤 했다. 이렇게 장어라면 쳐다보기도 싫어하던 나는 작년 여름 난생 처음으로 장어를 먹어보게 되었고, 뜻밖의 사랑에 빠졌다. 그리고 이제 우린(나와 장어)는 떼려야 뗄 수 없는 사이, 없어서 못 먹는 내 사랑이 되었다!

사건은 이러하다. 작년 여름 도쿄에 여행을 갔던 나는 찌는 듯한 도쿄의 여름 날씨에 여기저기 정신없이 돌아다니느라 하루 종일 땀을 뻘뻘 흘렸다. 그렇게 기운을 쏙 뺀 어느 날 저녁, 호텔 앞 작은 밥집에서 먹은 나의 첫 번째 장어덮밥의 맛을 아직도 잊을 수 없다. 기운이 없어, 기력 회복에 좋다는 장어 음식을 용기 내서 주문했다. 여행지이니 평소 안 먹던 것을 먹어 봐도 나쁘지 않겠다는 여행자 특유의 용기도 있었고 말이다.

하지만 장어덮밥에 얹혀 나온 장어는 살아 있을 때의 징그러운 모습은 상상할 수도 없을 만큼 입에 착착 감겼다. 매력적인 장어의 부드러움에 달달하고 적당히 생강 맛이 나는 소스가 더해지니 그야말로 환상적인 조화였다. 어쩌면 내가 장어에 빠지게 된 결정적인 이유가 바로 이 장어덮밥 소스 때문인지도 모르겠다. 여하튼, 그렇게 장어에 빠지기 시작해 이제는 덮밥은 물론 장어구이도 잘 먹는 수준이 되었다(아니 없어서 못 먹는 음식이 되어버렸다).

먹고 나면 힘이 불끈불끈 나는 보양 음식이기도 한 장어. 소금구이로 구워서 술 한잔해도 좋지만 첫 경험의 기억 때문인지 개인적으로는 덮밥으로 먹을 때가 제일 맛있다.

여느 때처럼 마트에서 장을 보던 중 조미된 장어 팩을 보고 '그래, 나라고 못할 것도 없지' 하고 냉큼 집어와 장어 소스를 내 입맛에 맞게 조절하여 나만의 장어 덮밥을 만들었다. 마트 표 장어인지라 조금 비릴지 몰라, 간을 약간 세게 하고 달달한 맛도 많이 나게 했는데 기대했던 것보다 맛있어서 동생이랑 한 그릇 뚝딱했던 나의 첫 번째 셀프 장어 덮밥! 생강 맛을 좋아하는 편이라 생강도 듬뿍 넣었더니 입에 착착 감겼다.

기나긴 여름, 삼계탕이나 보신탕 대신 장어덮밥은 어떨까? 기운이 쭉쭉 빠지는 여름날에 맛있게 한 그릇 뚝딱 비우고 나면 기운이 펄펄 날 것만 같다.

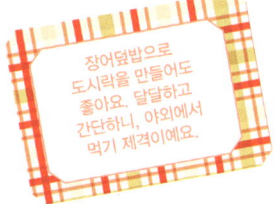

장어덮밥으로 도시락을 만들어도 좋아요. 달달하고 간단하니, 야외에서 먹기 제격이에요.

재료 조미 장어 한 팩, 슬라이스 생강, 올리고당 1.5T, 양파 1개
소스 다진 마늘 1T, 생강 1T, 간장 2T, 맛술 2T, 설탕 2T, 다진 파,

1. 다진 마늘, 생강, 간장, 맛술, 설탕, 다진 파, 올리고당을 섞어 소스를 만든다
(취향에 따라 양을 조절해서 만드세요! 장어덮밥의 생명은 소스이니 신경써주세요).

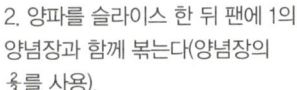
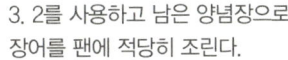

2. 양파를 슬라이스 한 뒤 팬에 1의 양념장과 함께 볶는다(양념장의 ⅔를 사용).

3. 2를 사용하고 남은 양념장으로 장어를 팬에 적당히 조린다.

4. 밥을 담고 2의 조린 양파를 소복하게 담아준다. 양파 위에 장어를 올리고 슬라이스 한 생강과 다진 파를 얹어준다.

여름의 싱싱함을 닮은
가지 스파게티

가지를 송송 썰어 팬에 볶다가
홍고추와 마늘로 매운 맛을 더해 고소하면서도 매콤한
가지 오일 스파게티를 만들었다.
파르메산 치즈가루를 듬뿍 뿌렸더니 더 그럴듯해지는 맛!

가끔씩 "마지님은 어떤 사진 찍는 걸 좋아하세요?"라는 질문을 듣곤 하는데, 그때마다 나는 늘 주저 없이 "음식 사진이요"라고 대답하곤 한다. 특히 요즘은 점점 음식 만들기에 빠지다 보니 한층 음식 사진 찍기도 즐거워졌다. 그리고 덩달아 전에는 쳐다보지도 않던 음식들과 식재료에도 관심이 가기 시작했다. 그중 하나가 가지이다. 아마 내 주위 사람들은 다 알 것이다. 내가 가지를 얼마나 싫어했는지 말이다. 음침한 보랏빛이 왠지 무섭고, 이상하고, 먹을거리처럼 안 보여서 가지 반찬은 근 28년간 쳐다도 보지 않았다.

그런 내가 가지랑 친해지게 되는 사건이 생겼다. 바로 카페 '오시정' 때문이다. 카페라는 공간은 대부분 오너의 취향이 고스란히 배어 있기 마련이라서, 그 취향이 내 취향과 일치하는 경우엔 자연스레 주인 분께도 관심이 생기고 호감이 간다. 나에게 카페 오시정은 바로 그런 곳이었다. 바로 그 취향 좋은 사장님이 2호점을 서래마을에 열었다는 소식을 듣고 설레는 마음으로 한달음에 찾아갔다. 메뉴를 찬찬히 살펴보다 보니 브런치 메뉴에 가지 조림밥이 있었다. 가로수길 1호점에서 먹은 참치 쌈밥과 멸치국수 브런치에 매료되서 집에서도 자주 해먹던 나는 사장님이 2호점의 대표 메뉴로 내놓은 가지 조림밥에 호기심이 생겼다. 가지라는 게 내가 엉뚱한 선입견을 가지고 있어서 그렇지 어쩌면 생각보다 괜찮은 녀석일지도 모른다 싶기도 했다. 그리고 그렇게 엄마가 10년 넘게 먹어보라고 권해도 절대 안 먹던 가지를 드디어 먹어보게 되었다.

그런데, 이게 웬일? 맛있는 게 아닌가. 억울한 마음까지 들 정도였다. 이렇게 맛있는 음식을 왜 여태 멀리했던 건지 나 자신이 원망스럽기만 했다. 그날 이후로 난 어디에 가서도 가지 반찬을 잘 먹는 사람이 되었다. 그것도 그동안 못 먹었던 가지를 이제라도 다 먹어치우겠다는 듯 엄청나게 좋아하게 되었다. 그렇게 나는 여름 대표 채소 가지와 친해졌다.

그러던 어느 날 마트에 갔는데 소복하게 쌓여 있는 저렴한 가지를 보고, 머릿속에 메뉴 하나가 떠올랐다. '그놈, 매콤하게 오일 스파게티 만들면 참 좋겠네'라는 생각이 들어 몇 개 집어 카트에 담았다. 가지를 송송 썰어 팬에 볶다가 홍고추와 마늘로 매운 맛을 더해 고소하면서도 매콤한 가지 오일 스파게티를 만들었다. 파르메산 치즈가루를 듬뿍 뿌렸더니 더 그럴듯해지는 맛!

가지 스파게티, 낯선 요리일 수도 있지만 만드는 법이 간단하니 일요일 오후 친구나 가족에게 여름 별미로 만들어주면 어떨까? 여름 가지처럼 싱싱한 미소가 자연스레 입가에 번질 것이다.

엄마의 노하우
싱싱한 가지 고르기 & 보관법
색이 선명하고 윤기 있는 것이 좋다. 모양은 구부러지지 않고 바른 것을 고른다.
실온에 보관하면 금방 무르고, 시들게 된다. 밀봉해 냉장 보관하는 것이 좋다.

재료 스파게티면 300g, 가지 1개, 마른 고추 2개, 마늘 5알, 올리브유, 소금, 파르메산 치즈가루

1. 마른 고추와 슬라이스한 마늘을 달군 팬에 올리브유를 두르고 볶는다.

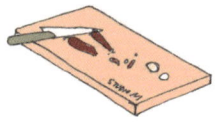 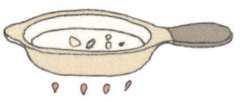

2. 가지를 살짝 데친 다음 1에 넣고 같이 센 불에 볶는다(취향에 따라 처음부터 같이 볶으셔도 되요).

3. 끓는 물에 소금을 1t 정도 넣고 면을 8~10분가량 삶는다.

4. 2에 면을 넣고 센 불에 같이 볶는다. 이때 소금 간을 적당히 한다.

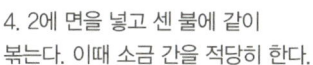

5. 그릇에 담고 파르메산 치즈가루를 소복하게 뿌린다.

지친 나를 위한 건강한 밥상
소고기 연근 밥

도와주신 엄마의 손길까지 더해져서
더 맛있게 지어진 연근 밥,
엄마와 같이 나란히 식탁에 앉아 각자 덜지 않고
뚝배기째 나누어 먹으니 더 맛있게 느껴졌다.

음식을 하는 것도 좋아하고 스타일링 하는 것도 좋아하고, 음식 사진을 보는 것은 더욱 좋아하는 나는 국내뿐만 아니라 외국의 푸드 스타일링 책들까지도 침대 옆에 두고 자주 보곤 한다. 그중에서도 일본책을 즐겨보는데 일본 특유의 아기자기하고 따듯한 느낌의 사진들은 보는 것만으로도 행복해진다.

그런데 언제부턴가 자주 눈에 띄는 존재가 있었으니, 바로 연근이다. 일본 사람들은 연근을 매우 좋아하는구나라는 생각이 들 만큼 여러 가지 요리에 자주 등장했다. 야채 연근 조림은 일본 가정식 요리의 기본이고, 그 외에도 연근 조림, 연근 야채스프, 연근 튀김까지 다양하다. 오므라이스를 만들 때에도 데미글라스 소스에 연근을 같이 넣어 먹을 정도로 일본인이 좋아하는 야채인 연근. 연근은 잘랐을 때의 단면이 주는 특유의 모양 때문에 더 다양하게 이용되는 듯했다. 이렇게 연근에 관심을 가지고 있을 때쯤, 요리책과 인터넷을 뒤지다가 발견한 메뉴가 바로 소고기 연근 밥이다. 뚝배기에 한 밥을 좋아하는 편이라 망설임 없이 도전해 본 소고기 연근 밥!

뚝배기에 밥을 해보는 건 처음이라 조금 걱정도 되었지만 일단 해보자는 무모함 반, 용기 반으로 뚝배기에 쌀을 담고 연근 밥을 만들어 보았다. 만드는 과정을 보고 있던 엄마는 연근 밥을 하는 거냐며 호기심을 보이셨고, 어느샌가 모녀가 같이 만드는 연근 밥이 되었다. 맛국물에 한 밥이라 더 감칠맛이 나고 연근향이 밥에 적당히 배어 버섯 밥만큼 향도 맛있는 밥이 되어 있었다.

거기에 불고기 양념한 소고기까지 곁들여 먹으니 한정식집 분위기까지 나는 듯했다. 밥이 탈까 봐 뚝배기 옆에서 왔다 갔다 하는 나를 보고 도와주신 엄마의 손길까지 더해져서 더 맛있게 지어진 연근 밥, 엄마와 같이 나란히 식탁에 앉아 각자 덜지 않고 뚝배기째 나누어 먹으니 더 맛있게 느껴졌다.

시중에 말린 연근 칩도 나와 있어요. 익힌 연근이 싫다면 연근 칩을 이용한 샐러드도 좋아요.

일본인들의 연근 사랑이 궁금해 도전해본 것일 뿐 크게 기대하지 않았던 메뉴인데 정말 맛있게 만들어져서 그 뒤로 연근에 푹 빠지게 되었다. 모양만큼이나 맛도 좋은 연근. 이름도 소박하니 귀엽게 느껴지는 연근. 또 다른 연근 요리를 만들어 보고 싶어서 요즘은 시간 나면 연근을 검색 사이트에 쳐보곤 한다.
따뜻하고 건강한 기운이 뚝배기 한 그릇 가득한 소고기 연근 밥. 엄마와 함께하는 특별한 주말 메뉴로 추천하고 싶다.

재료 연근 150g, 소고기 300g, 불린 쌀 4컵, 맛국물 4컵, 다진 파 약간
불고기 양념 간장 2t, 마늘 1t, 설탕 1t, 참기름 1t, 올리고당 ½t, 깨소금 약간

1. 다시다를 뜨거운 물에 담가 맛국물을 만든다.

2. 연근을 먹기 좋은 크기로 슬라이스 한다.

3. 불고기 양념 재료를 그릇에 담고 분량의 소고기를 간해준 뒤, 냉장고에 넣어 하루 정도 숙성시킨다.

4. 뚝배기에 맛국물을 담고 쌀과 연근을 넣은 뒤 중간 불에 10분 정도 익히고, 30분 정도 약한 불에 익히며 뜸을 들인다.

5. 양념한 소고기를 팬에 구워준 뒤, 밥 위에 얹는다.

6. 5에 다진 파를 뿌려 맛있게 먹는다.

달콤한 휴가에 제격이에요
매운 카레 갈비찜

냄비를 열자 한 김 올라오는데 그 냄새가 기가 막히다.
꿀맛 같은 휴가의 시작을 축하해주는 듯한
착각까지 들 정도이다. 생각보다 맵게 되었지만
그래서 더 맛있게 느껴졌던 갈비찜

어느 추운 겨울날, 전날의 강추위에도 불구하고 여기저기 돌아다닌 탓인지 눈을 뜨니 몸이 으슬으슬하고 피곤하다. 이런 저조한 컨디션에도 불구하고 침대에 누워 있는 이 시간이 행복하게 느껴진다. 그 이유는 평일이고, 회사를 가는 금요일이지만 연차를 신청한 날이기 때문이다. 직장인에게 연차 휴가란 달콤한 꿀과 같다. 남들 다 일하는 평일에 쉬는 맛이란, 직장인만이 아는 특별하고 소소한 행복이다.

금·토·일 3일간의 금쪽 같은 휴가를 앞두고 가장 먼저 한 일은 장보기! 보통 때 같으면 뭘 해먹을지 미리 다 정하고 가지만 오늘은 일단 그냥 가는 여유를 부려본다. 왜? 오늘은 휴가니까! 일단 가서 눈에 꽂히는 걸로 사서 시간에 구애 받지 않고 만들어 먹을 수 있는 여유 있는 휴가이기 때문이다.

날이 춥고 몸이 피곤해서인지 따뜻하면서도 적당히 매콤한 단백질이 먹고 싶어진다. 단백질 중에서도 육류를 좋아하는 나는 몸이 피곤하면 더 고기가 당기는 체질이다. 머릿속으로 잠시 고기 메뉴들을 그려본다. 그러다 번뜩 자주 가는 단골 청국장 집의 '카레 갈비'가 먹고 싶어졌다. 반찬으로 나오는 카레 향이 솔솔 나는 고기 찜, 카레 맛이 쏙 배어 감칠맛 나면서 부드럽게 푹 익혀진 그 고기찜이 자꾸만 생각났다.

갈비 재료를 카트에 가득 담았다. 보통 마트에서 장을 볼 때는 소량 구매하는 편인데, 갈비는 3일간 먹을 양으로 충분히 사서 집으로 왔다. 다른 음식보다 시간은 더 걸리겠지만 만들어 놓고 나면 뿌듯하고 넉넉해질 거란 마음에 신나게 재료를 다듬고 양념을 준비하고 만들기 시작했다. 조용한 주방에서 물이 끓고 도마에서 재료 다듬어지는 소리가 신이 난다. 추웠던 몸도 따뜻한 주방에서 녹기 시작한다. 아껴 사용하는 무쇠 냄비도 오랜만에 꺼냈다. 카레 소스와 함께 익어가는 갈비 냄새가 너무 좋다. 한 시간 가량 푹 익히고 테이블에 올려놓고 세팅을 한다. 비벼 먹으면 더 맛있을 소스니까 야채랑 심심하게 볶은 볶음밥도 준비한다.

냄비를 열자 한 김 올라오는데 그 냄새가 기가 막히다. 꿀맛 같은 휴가의 시작을 축하해주는 듯한 착각까지 들 정도이다. 생각보다 맵게 되었지만 그래서 더 맛있게 느껴졌던 카레 갈비찜. 푹 익은 감자도 밥에 쓱 비벼 먹으니 참 맛있다. 아마 오늘이 휴가라서 더 맛있게 느껴지는 것일 수도 있다. 왠지 매번 휴가마다 먹고 싶어질 것 같다.

재료 갈비 600g, 양파 1개, 감자 1개, 당근 ½개, 고추 2개, 식용유 약간
양념 카레 5T, 고추장 1T, 간장 1T, 설탕 1T, 고춧가루 3T, 다진 마늘 1T, 올리고당 1T, 물 2컵

 1. 고기를 찬물에 2~3시간 정도 담가 핏물을 뺀다.

 2. 양파와 감자, 당근을 먹기 좋은 크기로 손질하고, 고추는 슬라이스 해둔다.

3. 1의 고기를 끓는 물에 살짝 데친다.

4. 냄비에 기름을 두르고 고기를 살짝 볶은 후 어느 정도 익으면 야채들을 넣고 같이 볶는다.

5. 분량의 양념 재료를 골고루 섞은 뒤, 4의 냄비에 넣고 센 불에 익힌다.

6. 5의 고기와 야채가 어느 정도 익었다 싶으면 중간 불과 약한 불 사이에 불을 놓고 한 시간가량 푹 익혀준다.

나 아직 스물아홉이라고요
들깨 영양 떡국

1월 1일, 태어나서 처음으로 나를 위한 떡국을 끓였다.
1년 남은 내 20대의 마지막을 축복하기 위한 음식이었다고도
할 수 있겠다. 조금은 특별하게 들깨가루까지 넣고
고소하게 만든 들깨 영양 떡국!

나는 1983년 1월 30일에 태어났다. 뜬금없이 왠 생일 이야기냐 하고 의아하게 생각할 수도 있겠지만, 내게는 생일에 관련한 억울한 일이 참 많다. 나뿐만 아니라 전국의 일명 '빠른'들이라면 다 그럴 것이다.

초등학교 때에는 '언니라고 불러, 오빠라고 불러'라며 괴롭히고, 심지어 나를 따돌리는 아이까지 있었다. 이 일로 내 나이 일곱 살 때 난생 처음으로 '억울함'이라는 감정을 알게 되었다. 이런 갖가지 유치한 일들을 소소하게 겪으며 나는 대학생이 되었다. 다시 한 번 크게 억울한 일을 겪은 건 성년의 날이었다. 친구들은 모두 성년의 날을 맞이했지만 나는 친구들보다 한 살 어리기 때문에 내년을 기약하며 친구들을 축하해주었고 파티의 들러리 노릇을 자처했다. 하지만 정확히 1년 뒤, 나의 성년의 날은 아무도 함께해주지 않았다. 친구들은 모두 까맣게 잊고 있었고 남자친구도 없었던 나는 초라하게 혼자 학교 구내 빵집에서 슬픔에 젖은 빵을 씹고 있었다. 비참함이 극을 달리고 있을 때 다행히 친한 언니가 잊지 않고 꽃다발을 내밀었다. 너무 기쁘고 고마웠고, 적잖이 감격했던 기억이 있다.

그리고 그날 나는 일생일대의 결심을 했다. 늘 나이를 올려 말해야 하나 그냥 말해야 하나 고민했던 나는 이날 부로, 꼭 내가 태어난 해의 '빠르지 않은' 사람들과 같은 나이를 말하기로 결심했다.

이렇게 나이 때문에 늘 억울하기만 했던 나는 올해부터 색다른 즐거움을 만끽하게 되었다. 그동안의 억울함에 대한 보상이라고나 할까? 친구들이 전부 서른 살이 되어 "아, 우리도 이제 서른이네" 하고 한탄할 때 나는 쏙 빠질 수 있게 된 것이다. "너희가 서른이지, 난 아직 스물아홉이야" 하고 회심의 미소를 지을 수 있게 된 것. 정말 유치하긴 하지만, 또 몇 달 후면 나도 서른 대열에 합류할 것이지만 그래도 올 한 해 동안은 나만 20대로 살아갈 수 있다고 생각하니 어린 시절 억울하고 섭섭했던 감정들이 싹 치유되는 기분이다.

1월 1일, 나는 태어나서 처음으로 나를 위한 떡국을 끓였다. 조금은 특별하게 들깨가루까지 넣고 고소하게 한 냄비 끓여서 열심히 먹었다. 빠른 생일이라 생긴 특별한 올해를 축복하기 위한 일종의 세레모니라고나 할까? 억울하게 29년을 살아왔지만 보너스 같은 20대 한해를 얻고 나니 제법 괜찮은 기분이다. 내가 끓인 떡국도 제법 맛있다.

30대가 되는 내년 1월 1일에는 구절판을 해야겠다는 생각이 뜬금없이 든다. 왜? 오래오래 살려고. :)

재료 떡국 떡 300g, 표고버섯 160g, 대파, 간장 2T, 미역 두 줌, 들깨가루 10T, 찹쌀가루 6T, 다시마 2장, 국물 멸치 약간, 소금 약간

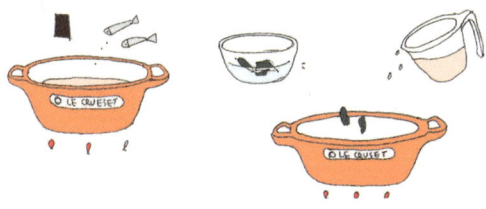

1. 냄비에 물 5컵을 붓고 다시마와 멸치를 넣고 한소끔 끓인다. 어느 정도 국물이 우러나면 체에 건져낸다.

2. 불려서 잘게 다진 미역을 살짝 볶다가 1을 붓고 끓인다.

3. 들깨가루와 찹쌀가루를 물 반 컵에 섞어놓는다.

4. 2에 3의 들깨 물을 뭉치지 않도록 조금씩 넣고 끓이다가 떡과 손질한 표고버섯을 넣고 더 끓인다.

5. 4를 소금과 간장으로 간을 한다.

6. 5를 1분 정도 더 끓여낸다.

맛있게 다이어트 할래요
크림소스 치킨스테이크

양송이버섯을 넣고 고소하게 끓인 크림소스를
담백하게 구운 닭가슴살에 얹어 먹으면,
크림소스 파스타와 곁들여진 맛있는
닭고기를 먹는 듯하다.

사춘기 때부터 지금까지 나와 항상 동고동락하는 존재가 바로 다이어트이다(사실 말만 함께해오고 있지만). 여자라면 대부분 다이어트를 결심해본 적이 있을 것이다. 나 역시 마른 체형이 아닐 뿐더러 오히려 통통과라서 어린 시절부터 늘 열심히 다이어트를 하리라 다짐하며 살아왔다. 물론 다이어트에 성공한 적도 있었다(요요 현상으로 도로 쪄버렸지만).
내가 다이어트에 제일 관심이 많던 시기는 새내기 대학생 때였다. 고등학교를 졸업하고 재수 하는 동안 찐 살들을 없애야겠다는 생각에 참 이것저것 시도도 많이 해보았다. 밀가루는 절대 안 먹고, 탄수화물은 밥 이외엔 자제하기, 단백질과 야채 위주로만 먹기 등 주로 식이요법 다이어트를 했다. 하지만 죽 먹고 살아왔던 것들을 한순간에 끊어버리면 금단 현상이 생기는 법, 음식에 대한 참았던 욕구는 늘 빵하고 터져버렸고, 빠졌던 몸무게보다 더 쪄버리는 안타까운 일도 있었다.
그러다 알게 된 닭가슴살 다이어트. 많이 먹어도 살이 찌지 않는다는 닭가슴살 식이요법은 기름기 없이 담백하게 구운 닭가슴살만을 간을 전혀 하지 않고 먹는 거였다. 고기를 마음껏 먹어도 괜찮다니, 학생이라 없는 형편임에도 불구하고 당장 마트로 달려가 닭가슴살을 두 팩이나 샀다. 그리고 집에 와서 "나 이제 이것만 먹을 거야!"라고 당당하게 선언했다. 간도 전혀 하지 않은 구운 닭가슴살로 연명한 지 3일째 되던 날, 이건 아니라는 생각이 밀려오면서 더 이상 닭고기 냄새도 맡기 싫어졌다. 물론 3일간 열심히 했으니 살이 조금 빠지긴 했지만, 다음 날부터 정상적으로 먹으니 몸무게는 금세 도로 돌아왔다. 어리석은 식이요법이 불러온 참혹한 결과랄까. 지금 생각해보면 참 어린 시절의 이야기이다.

지금은 그때보다 체중이 크게 준 것은 아니지만, 젖살이 빠져서인지 보통 체형으로 변신했다. 요즘엔 별다른 다이어트를 하지 않는다. 그저 다년간의 경험에 의해 맛있게 먹으면서 체중 유지하는 법을 알 뿐이다. 다이어트를 한다고 꼭 기름기 없이 간을 전혀 하지 않고 닭가슴살을 먹는 건 짭짤하고 기름진 음식에 대한 욕구만 더 불러일으킬 뿐이다. 그냥 맛있게 만들어 먹되, 양을 조금 줄이고 탄수화물을 줄이면 살이 찌지는 않는다.

맛있게 닭가슴살 먹는 방법으로 추천하는 메뉴가 바로 크림소스 치킨스테이크다. 양송이버섯을 넣고 고소하게 끓인 크림소스를 담백하게 구운 닭가슴살에 얹어 먹으면, 크림소스 파스타와 곁들여진 맛있는 닭고기를 먹는 듯하다. 크림소스가 고칼로리이긴 하지만 파스타 면이 빠졌으니 닭고기와 함께 이 정도는 괜찮다고 생각한다. 맛있게 적당히만 먹으면 오히려 살이 빠질 수도 있는 알짜 단백질 요리이다.

재료 닭가슴살 350g, 우유 1컵, 생크림 1컵, 버터 2T, 양송이버섯 6개, 화이트 와인 3T, 밀가루 1T, 식용유, 소금·후추 약간

1. 볼에 우유 1컵을 붓고 닭가슴살을 재워둔다 (닭의 잡냄새를 제거하는 과정이에요).

2. 30분가량 우유에 재워두었던 닭가슴살에 칼집을 내고 소금과 후추로 밑간을 해준다.

3. 달군 팬에 버터를 녹이고 뭉치지 않게 밀가루를 살살 볶다가 생크림을 넣고 끓여준다. 어느 정도 끓으면 소금과 후추로 간을 한다.

4. 3의 크림소스에 슬라이스한 양송이버섯을 넣어준다.

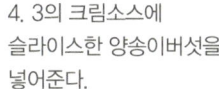

5. 팬에 기름을 두르고 닭가슴살을 구운 후, 어느 정도 익으면 화이트 와인을 뿌려준다.

6. 5의 닭가슴살에 4의 크림소스를 얹어낸다

사소한 관계의 발전
곤드레 밥

추적추적 빗소리가 들렸다.
비가 내리고 있었다. 참 더웠는데 순식간에 시원해졌고,
김이 모락모락 나는 나물 향이 구수한 곤드레 밥이
그렇게 맛있을 수가 없었다.

해가 갈수록 비가 자주 내리는 아열대성 기후로 변해가고 있다. 사실 나는 비를 무척 싫어한다. 머리카락이 반 곱슬이라 비가 오면 드라이한 머리는 다 풀리고, 지성피부인 얼굴은 더 번들거린다. 그리고 치마를 안 입는 나에겐 비오는 날의 긴바지는 참 곤욕스럽다. 지긋지긋하게 비가 많이 오던 여름날, 큰 결심 끝에 레인부츠를 구입했다. 바지 끝단이 빗물에 젖는 게 정말 싫어서 구입한 레인부츠는 나를 변화시켰다. 탱탱거리는 질감이 특이한 레인부츠라는 녀석은 비로부터 나를 보호해주었고, 오히려 어느샌가 레인부츠를 신고 싶어서 비오는 날을 기다리고 있는 나를 발견했다. 무릎까지 올라오는 레인부츠 덕분에 28년 동안 줄곧 싫어했던 비오는 날이 좋아지기 시작한 것이다.

그리고 비가 많이 오는 날씨 때문에 변한 또 한 가지. 곤드레 밥을 좋아하게 되었다. 어릴 때는 억지로 엄마가 떠 먹여도 한입 먹을까 말까였지만, 요즘은 이상하게 비오는 날이면 나물밥이 생각나서 직접 만들어 먹게 되었다.

그 결정적 계기는 이러하다. 산을 싫어하는 내가 초여름 청계산을 땀을 한 바가지 흘리며 올라갔다. 난생 처음으로 산에 올라야겠다는 생각을 한 날이다. 아무것도 생각하기 싫었고 머릿속을 깨끗하게 정리하고 싶은 마음에 무작정 산을 찾았다. 더운 날씨라 땀은 비오듯 하고, 내가 이 더운 날 왜 이러고 있지 하는 스스로에 대한 원망 섞인 푸념도 했다. 그러나 정상에 오르고 내려올 때쯤 되니 개운해지면서 땀도 적당히 식고, 조금 전까지만 해도 없던 식욕이 마구 솟았다. 이 맛에 등산을 하는 걸까? 산 아래 식당들을 쭉 둘러보니 '곤드레 밥'이라는 조금은 이상한 이름의 메뉴가 눈에 들어왔다. 이왕 평소답지 않게 자발적 등산도 했으니 평소 같음 절대 먹지 않았을 나물밥인 곤드레 밥을 먹어보기로 했다. 마루에 앉아 물 한 모금 마시며 쉬고 있으니 어느새 김이 모락모락 나는 곤드레 밥이 나왔다. 양념장에 쓱쓱 비벼서 한입 크게 떠먹었을 무렵, 밖에서 추적추적 빗소리가 들렸다. 비가 내리고 있었다. 참 더웠는데 순식간에 시원해졌고, 김이 모락모락 나는 나물 향이 구수한 곤드레 밥이 그렇게 맛있을 수가 없었다.

그날 이후 비 오는 날만 되면, 등산 후 개운했던 느낌과 고소한 나물 향의 곤드레 밥이 생각난다. 나물 향 가득한 곤드레 밥은 생각만 해도 군침이 돈다. 사소한 계기로 싫었던 것들이 좋아졌다는 것이, 생각나는 존재가 되었다는 것이 신기하다. 이번 주엔 비 오는 오후를 위해 말린 곤드레 나물을 준비해야겠다.

재료 말린 곤드레 나물 두 줌, 쌀 3컵, 참기름 3T, 소금 약간
 양념장 간장 4T, 다진 파 2T, 다진 마늘 1T, 설탕 1T, 매운 고추 약간, 고춧가루 1T

1. 양념장 재료를 볼에 넣고, 고추는 얇게 슬라이스한 뒤 함께 섞는다.

2. 곤드레 나물을 끓는 물에 데친 뒤 물기를 살짝 짠 뒤 참기름과 소금으로 살짝 버무려서 달군 팬에 볶는다.

3. 2의 나물을 쌀과 함께 밥솥에 담아 물을 쌀의 2배 정도 잡아 밥을 짓는다.

4. 3의 밥을 뜸 들인 후 1의 양념장에 비벼 맛있게 먹는다.

recipe 6

맛있는 점심과 귀여운 오후를 위한
카페 + 잡화점

used project

다정한 공간
카페 히비

카페 히비, 이곳보다 맛있는 카레를 파는 곳은 없다고 자신 있게 말할 수 있다. 언뜻 보면 카페인지도 모르고 그냥 지나치기 쉬운 위치에 있지만, 일단 문을 열고 들어서면 서울에 이런 곳도 있구나 하는 생각이 들 정도로 이국적인 느낌이 난다. 일본 스타일의 인테리어로 꾸며진 이곳은 도쿄 중심부보다는 외곽의 작은 마을에 자리 잡고 있을 것 같은 아기자기하고 내추럴한 곳이다. 주방에서 갓 지은 밥 냄새가 가득하고, 커피 향기도 솔솔 풍겨온다.

먹고 나면 조금은 텁텁한 카레가 부드러운 음식이 될 수도 있다는 걸 알게 해준 카페 히비, 이곳에는 카레를 먹고 나서 먹으면 좋은 특별 디저트도 준비되어 있다. 히비가 좋은 또 다른 이유는 다른 어떤 카페보다 혼자 가서 놀아도 어색하거나 부끄럽지 않다는 점이다. 게다가 때때로 특별한 전시도 열려 보는 재미도 쏠쏠하다. 그래서일까? 나는 홍대를 떠올리면 자연스럽게 히비도 같이 떠오른다. 요즘은 입소문이 나서인지 오픈 당시보다 혼자 오는 손님도 훨씬 많아진 것 같다.

홍대에 처음 가는 친구가 '어떤 카페에 가면 좋을까?' 하고 묻는다면 자신 있게 '히비!'라고 힘주어 이야기하고 싶을 만큼 소중한 곳이다.

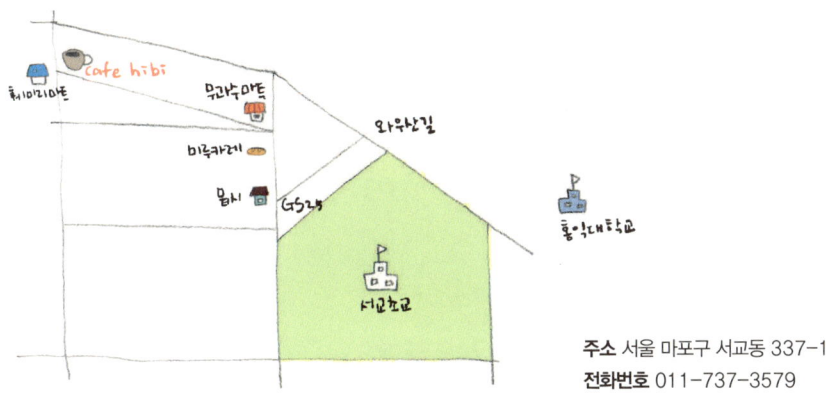

주소 서울 마포구 서교동 337-1
전화번호 011-737-3579

나무 향기 가득한
카페 나무 사이에

그저 평소와 다름 없이 길을 걷던 중이었다. 그런데 유난히 반짝이는 공간이 나를 사로잡았다. 그곳은 다름 아닌, '카페 나무 사이에'. 전혀 카페가 있을 것 같지 않은 위치에 있어 유난히 돋보이는 이곳은 수제 가구를 파는 '나무 사이에'에서 운영하는 멋진 카페이다.
빈티지한 스카이블루 패널의 고운 색감이 지나가는 사람들의 눈과 발을 붙잡는다. 나 역시 그렇게 문을 열고 들어갔다. 예쁜 문을 열고 들어서니 순한 눈을 가진 '사이에'의 지킴이 타미가 반겨준다. 타미는 '사이에'를 닮아서인지 사람을 살갑게 반가워해주고 잘 따른다.
1층에서 사이에 점심 메뉴를 주문하고 작은 계단으로 올라가니 나무가 한가득한 포근한 공간이 기다리고 있다. 나무로 만든 자연스러운 공간에서 먹는 브런치는 무척 근사하다. 짭짤한 치즈와 햄이 풍성하게 들어간 샌드위치도 맛있고, 샐러드와 두부를 함께 즐기는 건강한 브런치도 좋다. 그렇지만 제일 맛있는 건 '사이에'표 크림 파스타이다. 계절 야채를 넣고 만든 고소하고 짭짤한 크림 파스타는 홈메이드의 정성이 가득 느껴진다. 진한 커피와도 어울리고, 같이 나오는 야채 무쌈말이와도 찰떡궁합 메뉴다.
그렇게 여유를 즐기다 주위를 돌아보면 직접 만든 멋진 가구들과 매장에서 판매하는 멋스러운 식기들이 눈에 들어온다. 따스한 햇살을 받으며 맛있는 브런치도 먹고 나무 향기 가득한 멋진 가구와 내추럴한 소품들에 눈도 행복해지는 공간, 카페 나무 사이에…….

주소 서울시 송파구 송파동 15-3
전화번호 02-6052-4241

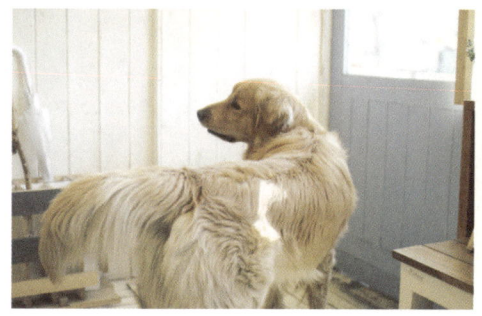

따듯한 마음이 묻어나는 그곳
카페 오시정

화이트톤 인테리어, 나무 소품과 가구들이 보기만 해도 따뜻한 느낌을 주는 카페 오시정에 처음 가던 날이 떠오른다. 두근두근 설레며 가로수길을 걷던 경쾌한 발걸음도. 카페 오시정에 들어서면 가장 먼저 반기는 건 스콘 굽는 냄새다. 얼마 전 다녀온 삼청동점 역시 스콘 향기가 가득했다. 음료를 마시는 모든 손님에게 매장에서 직접 구운 따뜻한 스콘을 오시정표 수제 잼과 함께 무료로 제공한다. 아니, 제공한다는 말은 차갑게 느껴지니 선물이라고 해두자. 처음 오시정에서 스콘과 함께 수제 바나나 잼을 맛본 후 바나나로 잼을 만들 수 있고, 또 이렇게 맛있을 수도 있다는 사실에 놀랐다. 요즘에는 바나나잼 이외에도 유자잼 등 다양한 잼들을 판매하고 또 손님들 테이블에 내놓고 있다.

매장 가득한 스콘 냄새와 수제 잼 말고도 빼놓을 수 없는 부분이 오시정 브런치! 처음 가로수길점에서 먹었던 참치 쌈밥과 멸치 국수는 감동 그 자체였다. 거기에 최근 삼청동점에서 먹은 미니 피자와 에비카레까지, 오시정에는 감동을 주는 따뜻한 브런치 메뉴들이 있다. 봄이 오는 소리가 느껴지던 어느 날 설레는 주말 나들이를 나온 사람들의 행복한 표정을 바라보며 먹은 카레 맛은 참으로 오시정스러웠다.

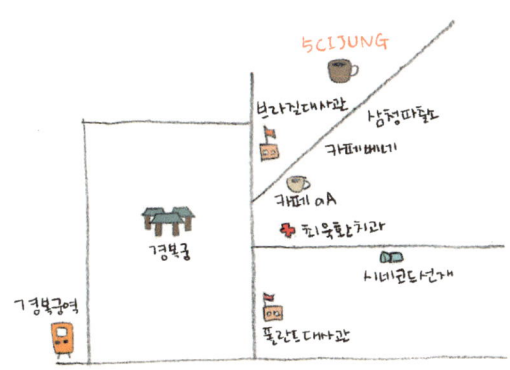

주소 서울시 종로구 팔판동 57(삼청동점)
전화번호 02-730-2008

CAFE 5CIJUNG
CAFE 5CIJUNG

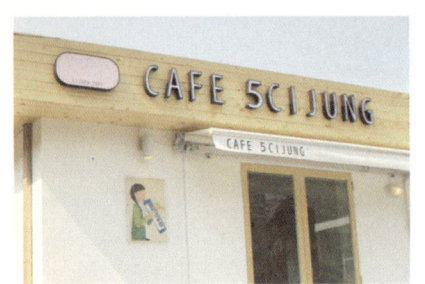

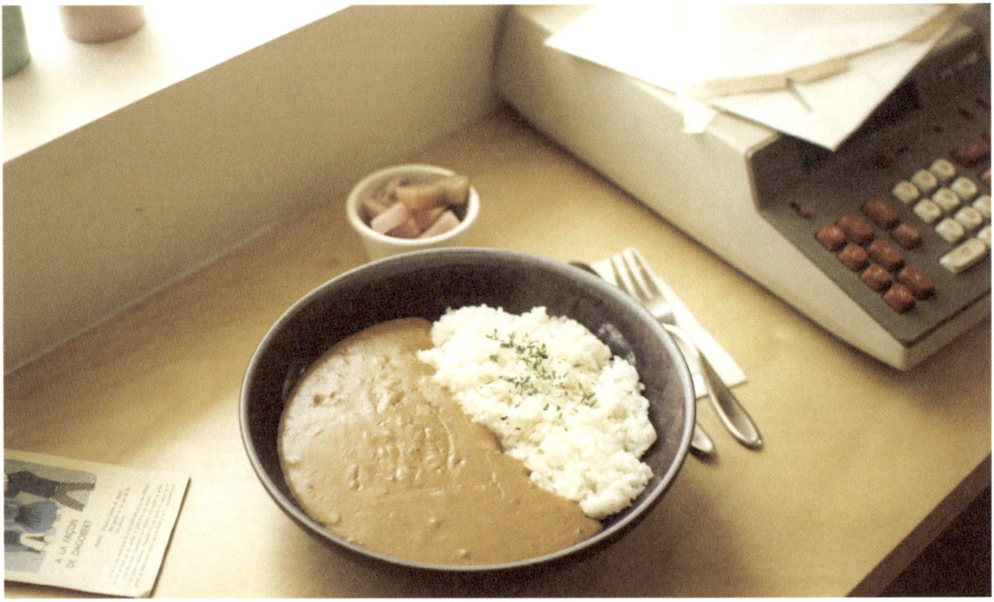
A LA FAÇON DE DAGOBERT

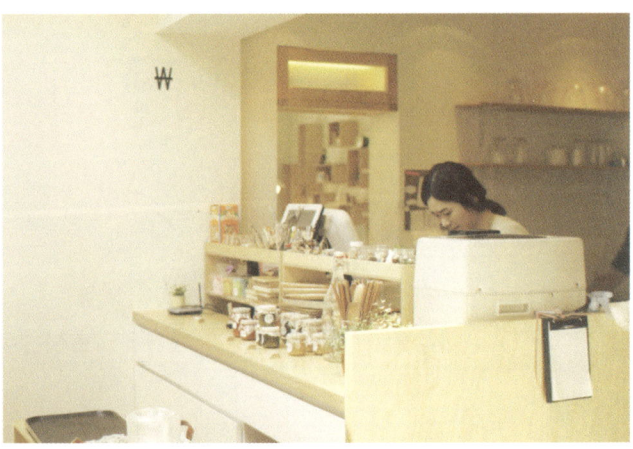

서로의 감성을 나누는 그곳,
유즈드 프로젝트

정말 좋아했던 공간인 카페 플랫의 오너였던 두 분이 새로운 공간에서 감성을 나누는 일을 시작했다. 바로 유즈드 프로젝트. 일반 자카숍이 아닌, 자신의 물건을 가져와서 팔 수 있는 이름 그대로 '유즈드 프로젝트'다. 빈티지한 물건부터 일본에서 이제 막 날아온 국내에서 보기 힘든 소품까지, 이곳에 오면 구경하느라 눈이 핑핑 돌아간다.

일요일 오후쯤 방문하니 자그마한 매장이 사람들로 가득하다. 물론 그 와중에도 전부터 갖고 싶었던 보온병이 도시락과 함께 매우 저렴한 가격으로 판매되고 있어 냉큼 집어들었다. 사진 찍으며 구석구석 구경하다 보니 점점 갖고 싶은 게 늘어나고 나도 이곳에서 여러 사람들과 감성을 나누며 같이 열광하고 싶다는 생각도 들었다.

1만 원을 내고 유즈드 프로젝트에 회원으로 가입하면 다양한 혜택이 있다. 유즈드 프로젝트 방문 시 마스터가 내려주는 핸드드립 커피를 세 번 마실 수 있고, 중고품과 새 제품 모두 1년간 위탁 판매가 가능하다. 그리고 한 달에 두 번 진행되는 벼룩시장에도 참가할 수 있으니 1만 원 치고는 매우 좋은 혜택으로 감성을 나눌 수 있는 셈이다.

주소 서울시 마포구 서교동 342-11 2층

USED
PROJECT
workroom
&usedshop

ku:nel
ku:nel
花も見ごろ。

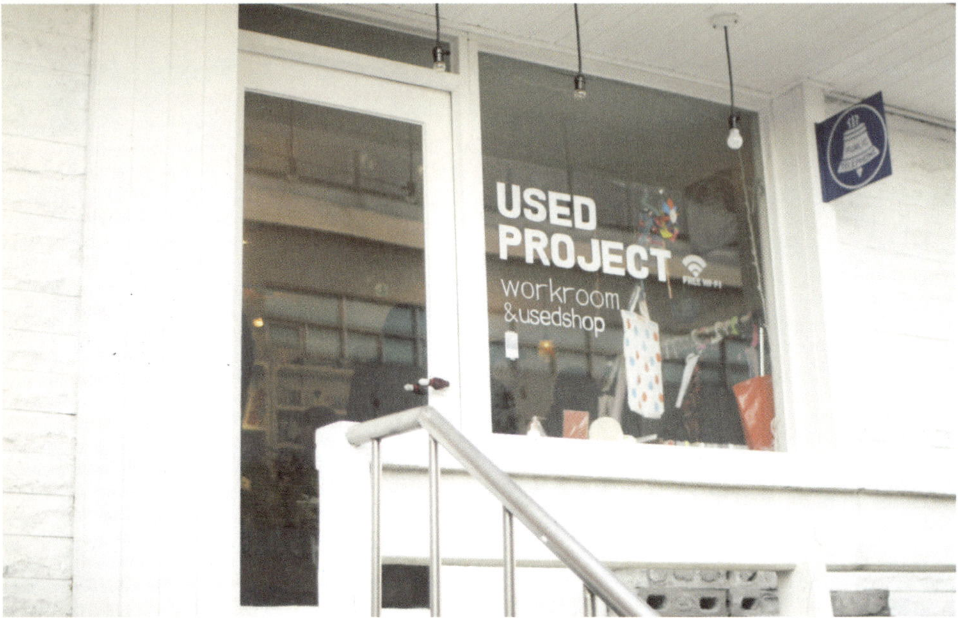

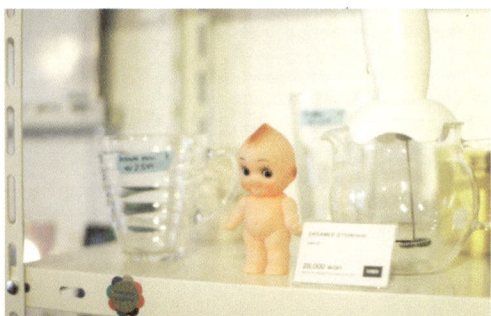

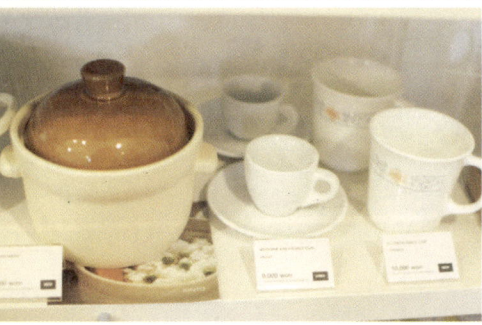

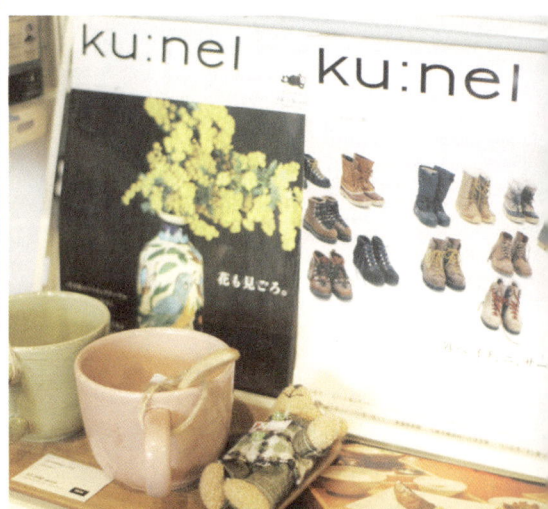

McCartney
SCHUBERT
BEETHOVEN

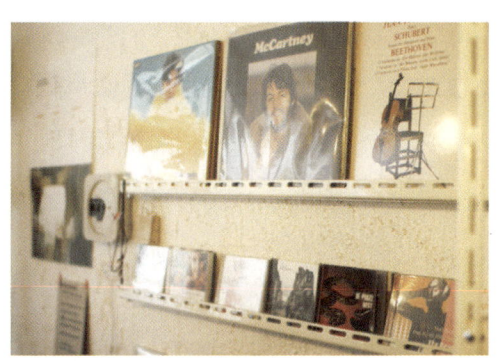

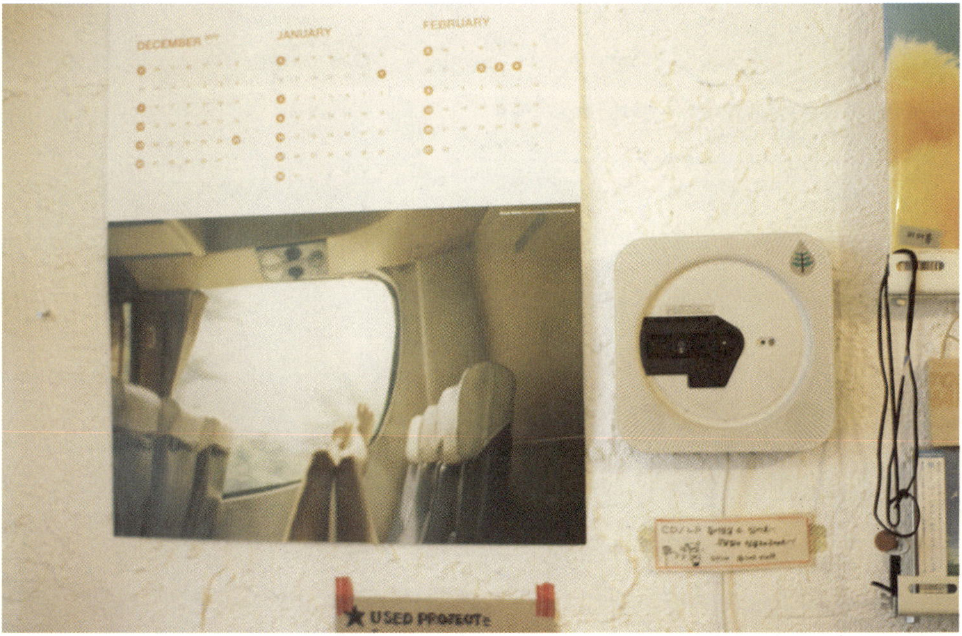
DECEMBER
JANUARY
FEBRUARY
USED PROJECT

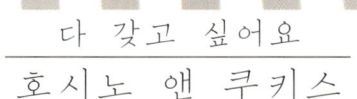

다 갖고 싶어요
호시노 앤 쿠키스

처음 자카(zakka)에 관심을 가지게 되었던 계기가 '호시노 앤 쿠키스' 때문이라고 할 정도로 이곳은 나를 매료시켰다. 이름이 참 특이하다고 생각하며 쇼핑몰에 들어가 보니 팔고 있는 물건들은 물론이요, 쇼핑몰 디자인과 로고까지 귀여웠다. 그렇게 반해버린 호시노 앤 쿠키스의 오프라인숍이 경기도 용인 보정동에 생겼다고 하니 안 가볼 수가 없었다.

늘 상상하던 이미지와 너무나 흡사한 모습으로 자리 잡고 있던 호시노 앤 쿠키스 오프라인숍. 회색 타일과 초록색 대문이 호시노 앤 쿠키스랑 딱 어울렸다. 그리고 늘 궁금했던 호시노와 쿠키스라고 불리는 주인 분들도 만나볼 수 있었다. 대체 이렇게 갖고 싶은 물건들만 쏙쏙 골라 파는 분들은 어떤 분일까 너무나도 궁금했는데 실제로 만나보니 호시노 앤 쿠키스와 참 잘 어울렸다. 미소가 아름답고 친절한 두 분 덕에 보정동 오프라인숍에서의 시간은 짧지만 강한 인상을 남겼다. 온라인보다 더 다양한 식기들부터 아기자기한 북유럽산 소품까지, 구경하느라 참 행복했던 시간이었다.

그릇을 좋아하는 사람이라면, 일본 소품을 좋아하는 사람이라면, 예쁜 물건을 좋아하는 사람이라면 호시노 앤 쿠키스에 방문해볼 것을 권하고 싶다. 누구든 행복해지는 공간일 테니 자신 있게!

주소 경기도 용인시 기흥구 보정동 1200-4 1층
전화번호 031-266-8895

CHESTNUT SPREAD
Monsieur biscuit

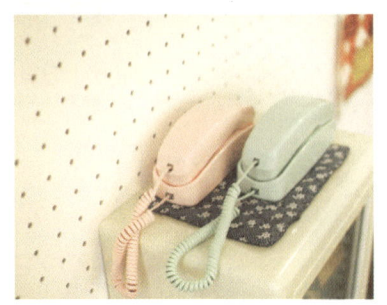

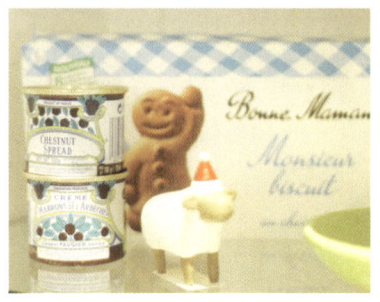

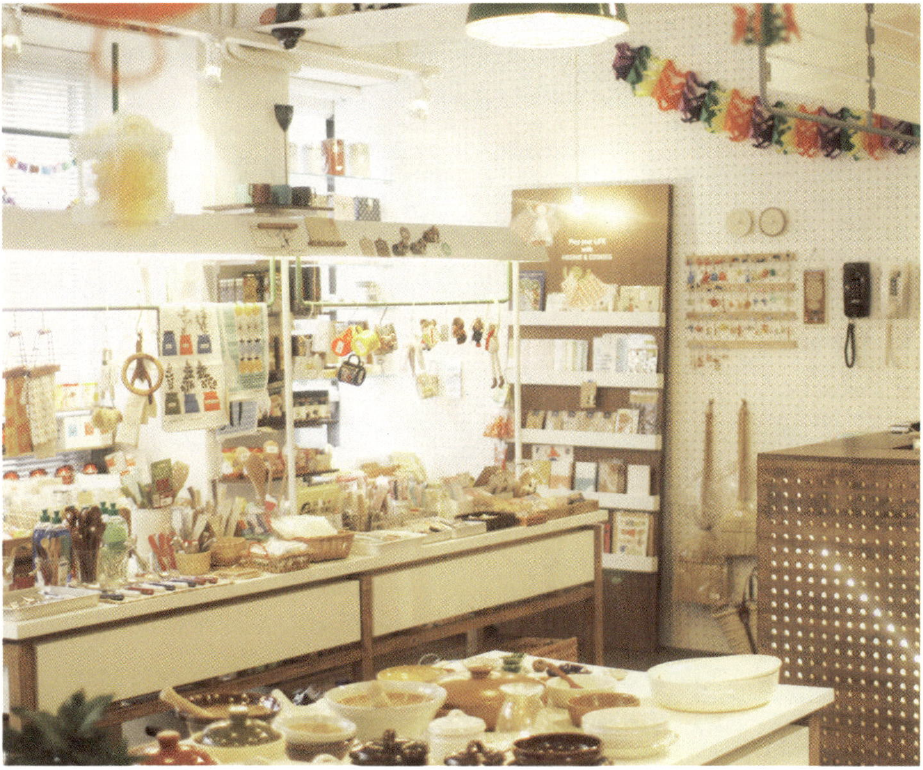

내 친구의 별책부록

새콤한 만능재주꾼
피클 만들기

레시피가 생각보다 간단하고 쉬워서 한 번 만들어 먹고 나면 돈 주고 사먹지 못하는 게 바로 피클이다. 오이 피클만으로도 맛있지만 무, 당근, 파프리카, 양파, 양배추 등 이것저것 취향대로 골고루 넣어서 더 특별하게 만들어보자. 게다가 직접 야채를 씻고 다듬어가며 만드니 믿을 수 있어서 더 좋다. 무료한 주말에 1시간도 채 안 되는 시간만 투자하면 우리 집 식탁에 오르는 양뿐만 아니라 친구에게 선물할 것까지 인심 좋게 만들 수 있으니 도전해볼 만하지 않은가? 취향에 따라 설탕을 덜 넣을 수도 있고, 식초를 더 넣어 좀 더 새콤하게 만들 수도 있다. 일단은 레시피 대로 만들어보고 다음번부터 취향대로 들어가는 재료를 조절하면 된다.

재료 오이 2개, 무 ½개, 빨간색 파프리카 1개, 노란색 파프리카 1개, 당근 1개
피클 주스 물 1컵, 설탕 ½컵, 식초 ½컵, 피클링 스파이스 2T, 소금 1T, 월계수 잎 3장

1. 야채들을 먹기 좋은 크기로 손질한다.

2. 끓는 물에 유리병을 소독한다.

3. 냄비에 분량의 피클 주스 재료를 담고 3분가량 끓인다(취향에 따라 설탕과 식초 양을 조절하세요).

4. 유리병에 야채들을 담고 3의 뜨거운 피클 주스를 붓는다.

5. 냉장고에서 3~4일간 숙성시키면 야채 피클 완성!

친구의 식탁 맛있는 주말을 만드는 내 친구의 비밀 레시피
ⓒ김지혜, 2011

초판 인쇄 2011년 4월 26일
초판 발행 2011년 5월 6일

지은이 ㅣ 김지혜
펴낸이 ㅣ 정민영
책임편집 ㅣ 변혜진
편집 ㅣ 손희경
디자인 ㅣ 손현주
마케팅 ㅣ 이숙재
제작처 ㅣ 한영문화사

펴낸곳 ㅣ (주)아트북스
출판등록 ㅣ 2001년 5월 18일 제406-2003-057호
브랜드 ㅣ 앨리스
주소 ㅣ 413-756 경기도 파주시 교하읍 문발리 파주출판도시 513-8
대표전화 ㅣ 031-955-8888
문의전화 ㅣ 031-955-7977(편집부) 031-955-3578(마케팅)
팩스 ㅣ 031-955-8855
전자우편 ㅣ artbooks21@naver.com
트위터 ㅣ @artbooks21

ISBN 978-89-6196-084-7 13590

앨리스는 (주)아트북스의 출판 브랜드입니다. 이 책의 판권은 지은이와 앨리스에 있습니다.
이 도서의 국립중앙도서관 출판시도서목록(CIP)은 e-CIP 홈페이지(http://www.nl.go.kr/ecip)와
국가자료공동목록시스템(http://www.nl.go.kr/kolisnet)에서 이용하실 수 있습니다(CIP제어번호: CIP2011001742).